Max Sauerlandt

Michelangelo: Skulpturen und Malereien

e-artnow 2018

Leseempfehlungen (als Print & e-Book von e-artnow erhältlich)

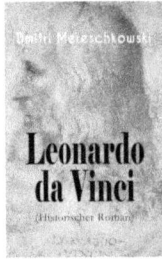

Dmitri Mereschkowski
Leonardo da Vinci (Historischer Roman)Historischer Roman aus der Wende des 15. Jahrhunderts

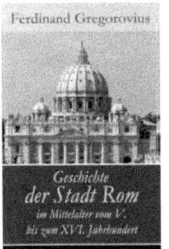

Ferdinand Gregorovius
Geschichte der Stadt Rom im Mittelalter vom V. bis zum XVI. Jahrhundert: Untergang des Römischen Reiches + Goten + Byzantinisches … + Karolinger + Kirchenstaat + Renaissance

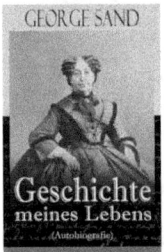

George Sand
George Sand: Geschichte meines Lebens (Autobiografie)

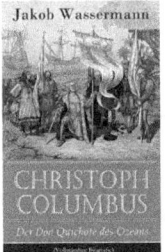

Jakob Wassermann
Christoph Columbus - Der Don Quichote des Ozeans (Vollständige Biografie): Historischer Roman

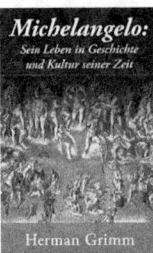

Herman Grimm
Michelangelo: Sein Leben in Geschichte und Kultur seiner Zeit: Der Blütezeit der Kunst in Florenz und Rom

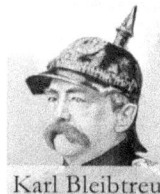

Karl Bleibtreu
Bismarck (Band 1-4)

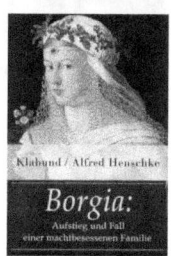

Klabund / Alfred Henschke
Borgia: Aufstieg und Fall einer machtbesessenen Familie: Historischer Roman - Geschichte einer Renaissance-Familie

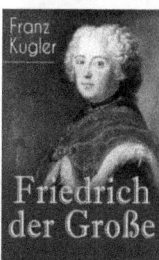

Franz Kugler
Friedrich der Große

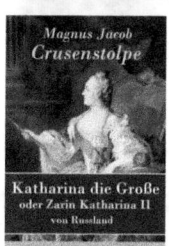

Magnus Jacob Crusenstolpe
Katharina die Große - oder Zarin Katharina II von Russland

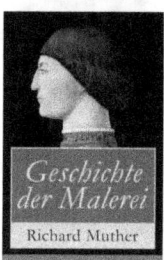

Richard Muther
Geschichte der Malerei

Max Sauerlandt

Michelangelo: Skulpturen und Malereien

e-artnow, 2018
ISBN 978-80-268-5907-9

Inhaltsverzeichnis

Vorwort.	11
Kapitel 0.	11
Kapitel 1.	13
Kapitel 2.	14
Kapitel 3.	15
Kapitel 4.	16
Kapitel 5.	17
Kapitel 6.	19
Kapitel 7.	20
Kapitel 8.	23
Kapitel 9.	24
Kapitel 10.	25
Kapitel 11.	26
Kapitel 12.	27
Kapitel 13.	28
Skulpturen	30
Malereien	38

Vorwort.

> Es ist schwer, kurz zu schreiben denn man
> kann in einer völligeren Art zu schreiben nicht so
> leicht bei dem Wort genommen werden. Aber unsere
> Zeit erfordert die Kürze, sonderlich wegen der Menge
> der Schriften.
> *Winckelmann.*

In den folgenden Bemerkungen wurde der Versuch unternommen, einige Winke für das Verständnis der Skulpturen und Malereien Michelangelos zu geben. Eine Biographie zu schreiben war weder Aufgabe noch Absicht. Die architektonischen Werke mußten ganz außer Betracht bleiben. Alles rein historische ist, soweit es anging, in die Anmerkungen am Schlüsse des Bändchens verarbeitet, die somit in höherem Grade als bei den früher erschienenen Bänden dieser Serie, eine wesentliche Ergänzung der Vorbemerkungen bilden.

Literaturnachweis: Außer den in den wissenschaftlichen Zeitschriften erschienenen Aufsätzen und der älteren Literatur über Michelangelo wurden hauptsächlich die folgenden Werke benutzt: *Wilh. Bode*, florentiner Bildhauer der Renaissance. Berlin 1902. *Carl Justi*, Michelangelo. Beiträge zur Erklärung der Werke und des Menschen. Leipzig 1903. Derselbe, Michelangelo. Neue Beiträge zur Erklärung seiner Werke. Berlin 1909. *Hans Mackowski*, Michelangelo. Berlin 1908. *Ernst Steinmann*, Das Geheimnis der Medicigräber. Leipzig 1907, *Henry Thode*, Michelangelo. Kritische Untersuchungen über seine Werke. 2 Bde. Berlin 1908.

Kapitel 0.

> Je höher ein Mensch, desto mehr steht
> er unter dem Einfluß der Dämonen, und
> er muß nur immer aufpassen, daß sein
> leitender Wille nicht auf Abwege gerate.
> *Goethe zu Eckermann, 24. März 1829.*

In den letzten Jahren seines Lebens hat Goethe den Begriff des Dämonischen zur Bezeichnung jenes Rätselhaft-Unerklärlichen umgeprägt, das überall in der Natur den letzten Grund des Seins und Wirkens zu bilden scheint und sich »durch Verstand und Vernunft nicht aufzulösen«, so seltsam »nur in Widersprüchen manifestiert«.

Mehrfach fällt das Wort in den rhapsodischen Bemerkungen der Eckermannschen Gespräche, ohne daß es dabei zu einer eindeutigen Bestimmung des Begriffsinhaltes käme, kommen könnte.

Raffael und Mozart, hören wir wieder und wieder, Shakespeare und Napoleon in der zur Nacheiferung lockenden Unerreichbarkeit ihrer Leistungen waren dämonische Naturen. Aber auch Friedrich und Peter der Große. Und Carl August, versichert Goethe, war eine dämonische Natur von unbegrenztem Wirkensdrang, wie denn das dämonische Naturell sich ganz vorzugsweise »in einer durchaus positiven Tatkraft äußert«.

Doch dieses Element übermenschlicher Schöpferkraft bezeichnet nur die Sonnenseite der Erscheinung, der eine dunkle Nachtseite entspricht. Auch die dumpfe Stimmung ratloser Passivität, tatloser Abspannung wird als eine Äußerung des dämonischen Temperamentes empfunden, wenn von dem Dämon der Hypochondrie und von dem retardierenden Einfluß der Dämonen die Rede ist.

Alles Worte für Dinge, die sich klarer Bezeichnung entziehen, Bilder für die Gestaltlosigkeit außerordentlicher Seelenzustände, suggestive Personifikationen der lebendigen Kräfte, des »großen Angeborenen der Natur«, das wir in diesen Menschen wirksam spüren.

Merkwürdig, daß sich bei der Verhandlung dieses Themas nie Michelangelos Name auf Goethes Lippen gedrängt hat! Ein Zeichen mehr dafür, wie sehr er ihm entfremdet war nach der einen heißen Begegnung im Jahre sechsundachtzig, wo des Meisters innere Sicherheit und Männlichkeit, seine Großheit ihm über allen Ausdruck zu gehen schien, wo ihm nicht einmal die Natur auf Michelangelo schmecken wollte, weil er daran verzweifelte, sie mit so großen Augen wie jener sehen zu können.

Kein Zweifel jedoch, der Goethische Begriff bezeichnet am schlagendsten das besondere Naturell des Menschen und des Künstlers, er ist die treffendste Übertragung des italienischen Wortes »terribile«, mit dem schon die Zeitgenossen das Wesen Michelangelos und seiner Kunst am ehesten charakterisieren zu können glaubten.

Im Goethischen Sinne des Wortes war Michelangelo eine dämonische Natur erster Ordnung, ja er erscheint uns als die vollkommenste Inkarnation des Dämonischen, überall sich, wie das Dämonische selbst, in Widersprüchen manifestierend.

Kapitel 1.

In Italien ist in der neueren Epoche der Geschichte der Mensch nach Jahrhunderten geistigen Traumlebens zuerst wieder zum vollen Bewußtsein seiner selbst und damit zu dem Vermögen objektiver Betrachtung und Darstellung der Erscheinungswelt erwacht.

Doch wird die Bedeutung dieses Abschnittes der Geschichte Italiens für die Geistesgeschichte Europas gewiß nicht nur durch die nackte Priorität des Geschehens bestimmt, sie beruht vielmehr auf der Unbeirrbarkeit und Konsequenz, auf der Bewußtheit, mit der die Selbstbefreiung der geistigen Persönlichkeit sich hier vollzieht, auf der Reinheit, mit der sich der Vorgang sogleich in den anschaulichen Symbolen der Kunst abbildet.

Sicherlich hat es auch den Jahrhunderten des Mittelalters nicht an selbstherrlichen Persönlichkeiten, ausgestattet mit dem lebendigen Machtgefühl der Größe gefehlt – aber selbst bei den Bedeutendsten überschattet die Empfindung der Zugehörigkeit zu größeren unpersönlichen Gruppenverbänden, das Gefühl der Abhängigkeit von tatsächlichen oder nur vorgestellten Gewalten immer wieder die helle Fläche des Bewußtseins persönlicher Selbständigkeit. Ein Abgrund tut sich auf, wenn man dem hellenischen Preis der Gesundheit und Schönheit als Ausdruck mittelalterlichen Weltempfindens die Worte Isidors von Sevilla entgegenstellt: Verderblich ist die Gesundheit, denn sie verführt den Menschen zur Sünde; heilsam die Schwäche, denn sie zerbricht mit göttlicher Gewalt die menschliche Verstocktheit.

Es war in der Tat eine Wiedergeburt zu neuem Leben, die die Menschheit in den Jahrhunderten der Renaissance erfuhr: ein Schauspiel zugleich von wahrhaft dramatischem Verlauf.

Mit dem Beginne des 14. Jahrhunderts – mit Dante, Giotto und Giovanni Pisano – hebt es an, in raschen und glänzenden, die Erwartung aufs höchste spannenden Eingangsszenen findet es seine Exposition; einen Augenblick scheint es dann zu stocken, aber nur, um mit dem beginnenden 15. Jahrhundert neu aufgenommen und nun in aller Breite ausgesponnen zu werden, bis es im Beginne des 16. Jahrhunderts die Höhe erreicht und nun rasch ein beinahe katastrophales Ende findet.

Michelangelos Leben umspannt, von 1475 bis zum Jahre 1564 den letzten Abschnitt dieser großen Epoche, die gleichzeitig allen künstlerischen und religiösen, allen wissenschaftlichen und politischen Lebensenergien den weitesten Spielraum zur Entfaltung gegeben hat.

Dem tiefsten Wollen der Zeit verwandt, steht Michelangelo doch von Anfang an ihrer freien Lebensäußerung beinahe fremd gegenüber. Was bei anderer Anlage explosiv nach außen hätte schlagen können, drängt sich bei ihm quälend im Innern zusammen. Den Kräften und Empfindungen seiner Leidenschaft bleibt die unmittelbare Äußerung versagt: transsubstanziiert gewinnen sie die einzig ihm mögliche Form in Werken der Kunst, die, jedes im Goethischen Sinne des Wortes eine Schöpfung der Gelegenheit, der Gelegenheit abgerungen, befreit von den Schlacken des Moments mit der Macht ewiger Aktualität wirken.

Ein Lebenslauf vollzieht sich, dessen wie von einer höheren Vorsicht in groß aufsteigender Kurve gezogene Richtlinie das dämonische Temperament des Mannes im Verein mit unerbittlich eingreifenden Weltereignissen tragisch verwirrt. Ein Leben wie eine Probe auf das Wort, daß des Menschen Verdüsterungen und Erleuchtungen sein Schicksal machen.

Kapitel 2.

Noch heute ist Florenz die Stadt des Quattrocento.

Was frühere und spätere Epochen geschaffen haben, tritt ganz zurück hinter die sinnenfälligen Bilder der jugendlichen und verjüngenden Anmut dieses reizendsten Jahrhunderts der Unbefangenheit, das in dem Knaben David seinen Helden verehrte, seine Kirchen mit Madonnen und Heiligen, die luftige Halle eines Findelhauses mit den holdesten Wickelkindern schmückte, Spiegelbildern echtester Naivität.

Dem aus weiterer Ferne zurückschauenden Blick aber webt sich die ganze gesellig spielende Mannigfaltigkeit dieser Kunst dann doch nur wie zu einem gestaltenreichen Teppich zusammen, auf dem die großartig geschlossene Silhouette der Figuren Michelangelos sich doppelt groß und doppelt einsam abzeichnet.

Man muß es sich ausmalen, wie sich der von Grund aus anders Geartete, von dem Vorgefühl zukünftiger Taten beschwert, mit dieser Welt, in die das Schicksal ihn hineingeworfen hatte, in Kontrast gefühlt haben muß, auf Schritt und Tritt zu Widerspruch und Ablehnung gereizt.

Es war eine kritische Zeit für die Florentiner Kunst, in die Michelangelo hineinwuchs, für die Plastik mehr noch als für die Malerei. Die erste Generation des Jahrhunderts, die sich selbst erst die künstlerischen Mittel zur Darstellung von Gegenwart und Leben erworben hatte, war dahin. Die Nachfolger der zweiten und dritten Generation erschöpfen sich in mannigfaltigen Variationen des angeschlagenen Themas, wobei an die Stelle der großen Intuition, der tendenzvollen Einseitigkeit, immer mehr die überkultivierte Raffinierung der Form tritt: eine Verdünnung der Erfindungskraft macht sich geltend, die sich an einer das Kunstgewerbliche streifenden Feinarbeit der Ausführung schadlos hält. Die Stämme, die jene gefällt, werden in feine und immer feinere Scheite gespalten.

Es wäre nicht zum Verwundern, wenn dem kritischen Betrachter dieses vielgeschäftigen Treibens der Gedanke gekommen wäre, daß Kunst und Künstler eben daran seien, sich in ein blühendes Tal zu verirren, aus dem der Ausgang versperrt war.

Das Rad drehte sich wohl noch eilig genug: aber drehte es sich nicht vielleicht in der leeren Luft, ohne den Karren nach vorwärts zu tragen?

Das Jahrhundertende noch brachte den merkwürdigsten Protest gegen das Wesen dieser Kunst, einen Protest, der Raum für ganz Neues schaffen sollte.

Kapitel 3.

Man hat es wahrscheinlich machen wollen, daß die Bußpredigt Savonarolas, der mehr als einem der älteren Florentiner Künstler das Konzept verdarb, auch Michelangelos religiöse Überzeugung und, was mehr wäre, den Charakter seiner Kunst entscheidend beeinflußt habe.

Die Wahrheit ist doch, daß wir Zuverlässiges darüber nicht wissen, daß die Tatsachen nicht eben für die Annahme sprechen.

Michelangelos älterer Bruder freilich, Lionardo, nahm unter dem Eindruck der Predigt des Dominikanerpriors die Kutte. Aber Michelangelo war nicht Lionardo. Daß er als Florentiner, als Familiäre der Medici, als Bruder, als gut katholischer Christ das aufregende Geschick des merkwürdigen Mannes, »der ganz Rom von sich reden machte«, mit lebhaftem Anteil verfolgte, bedarf keiner weiteren Erklärung. Auf seine Kunst aber hat Savonarola kaum einen spürbaren Einfluß geübt.

Das Jugendwerk der Madonna an der Treppe entstand aller Wahrscheinlichkeit nach schon ehe Savonarolas Predigt recht begonnen, jedenfalls ehe sein Einfluß weitere Kreise gezogen hatte. Von da aber führt ein weiter Weg über das Zentaurenrelief, die Apollostatuette in Berlin, einen Herkules und einen Amor – beide sind verloren gegangen –, über den Bacchus und Cupido bis zu der Pietà in St. Peter, die man gerne unter dem Eindruck von Savonarolas Scheiterhaufen entstanden denkt, deren Modell aber schon vor der Katastrophe vollendet gewesen sein muß. Nur die dekorativen Gelegenheitsarbeiten für die Arca des h. Dominicus in Bologna stehen wie verloren zwischen so viel Heidentum, und auch sie ohne irgendwie hervorstechenden religiösen Stimmungsgehalt.

Fürwahr, eine seltsame Folge von Motiven für einen Anhänger des florentinischen Propheten »Eures Seraphikers, des Bruders Hieronymus«, wie es in dem seltsamen Brief Michelangelos vom 10. März des Jahres 1498 aus Rom an den jüngeren Bruder Buonarroto heißt.

Mit zwiespältigen Empfindungen muß Michelangelo die Wirksamkeit Savonarolas aufgenommen haben, soweit sie in sein Metier eingriff: seine priesterliche Kritik der gegenwärtigen Kunst mußte des Künstlers Beifall und Widerspruch gleich stark herausfordern.

Ihrer Verurteilung als einer äußerlichen religiösen Genrekunst, die selbst das anmutige Mysterium der jungfräulichen Mutterschaft mit weltlicher Sinnlichkeit profanierte –: »wie Eure Kurtisanen«, lautet ein sprechendes Zitat aus der Predigtsammlung Savonarolas, »kleidet und schmückt Ihr die Gottesmutter und gebt ihr die Züge Eurer Liebsten« – hat Michelangelo gewiß ingrimmig zugestimmt, weil ihr buntes Vielerlei seinem auf das Eine und Ganze gehenden Kunstverstande selbst zuwiderlief. Den eigenen Lebensnerv aber mußte er getroffen fühlen, wenn er hörte, wie der Mönch die Kunst, die eben erst wieder von Welt und Leben Besitz ergriffen hatte, ganz in den Dienst der Kirche zurückzuzwingen suchte und mittelalterlich gegen die Darstellung des nackten Menschenleibes überhaupt eiferte.

Gerade über diesen Punkt waren ihm ganz andere Sterne aufgegangen.

Dennoch bleibt Savonarola ein positives Verdienst um den Fortschritt der Kunst in Florenz und Italien und damit auch um Michelangelo.

Er hat zuerst die mikrokosmische Darstellungsweise des ausgehenden Quattrocento gründlich diskreditiert und dadurch, ohne es zu wissen und zu wollen, den Boden für eine Weiterbildung des künstlerischen Stils im Sinne der bedeutenden, der machtvollen Form – das heißt im Sinne Michelangelos, zubereiten helfen.

So, aber auch nur so, wird man Savonarolas Auftreten in eben diesem kritischen Moment der Kunstentwicklung immer unter die Ereignisse von providentiellem Charakter für die Zukunft Michelangelos rechnen müssen.

Kapitel 4.

In demselben Jahre 1490, in dem Savonarola aus Ferrara nach Florenz gekommen war, hatte sich die entscheidende Wendung in Michelangelos Leben vollzogen: die Aufnahme des Fünfzehnjährigen in den Kreis der Hausgenossen Lorenzos Magnifico dei Medici und das Erwachen seines bildhauerischen Talentes.

Schroff hat Michelangelo es im Alter bestritten, daß er einem jener Quattrocentisten, dem Freskanten Domenico Ghirlandajo etwa, in dessen Lehre der Vater den Drängenden und seiner selbst doch noch ganz Ungewissen zuerst getan hatte – etwas von seiner Kunst verdanke. Nach seinem eigenen Geständnis ist die von Lorenzo dem Prächtigen selbst und seinem Vater Cosimo zusammengebrachte Antikensammlung des Medizeergartens bei San Marco seine beste und, muß man verstehen, seine einzige Schule gewesen.

Die Art, in der Ascanio Condivi den Vorgang in seiner von Michelangelo selbst inspirierten Lebensbeschreibung erzählt, hat etwas Überzeugendes. Ohne bestimmte Beschäftigung, ohne festes Ziel, ohne eigenes Atelier, bald dies, bald jenes anfassend, hat er sich bis dahin umhergetrieben. Da mit einem Schlage ist es, als sei eine Erleuchtung über ihn gekommen, als habe er hier im Garten von San Marco, wenige Schritte von Savonarolas Wirkungsstätte entfernt, den Anruf des Genius vernommen, dem zu folgen Notwendigkeit. Als sei der Blitz vor ihm niedergefahren.

Er kehrt gar nicht wieder in Domenicos Maleratelier zurück, sondern verbringt seine vollen Tage zwischen den medizeischen Antiken.

Was war es nun aber, das diesen überwältigenden Eindruck hervorrief? War nicht Florenz überreich an Mustern durchgebildeter Kunst, ausgestattet mit dem durch nichts zu ersetzenden Reiz von Schöpfungen der lebendigen Gegenwart? Aber dieser Reiz mußte gerade dem am ehesten zum Überdruß werden, der die Möglichkeit ganz neugearteter Formen in sich trug.

Wirklich sah das späte florentinische Quattrocento die Welt der Erscheinungen doch unter einem engen Gesichtswinkel. Große Gebiete des Empfindungslebens blieben ohne Ausdruck, und in der Plastik besonders kamen die primären Forderungen der bildhauerischen Kunst immer weniger zu ihrem Recht vor der Fülle gefälliger Akzessorien, feinfühlig zarter Stoffbehandlung und geschmackvoll sauberer Ornamentierung der Oberfläche.

Den spezifisch bildhauerischen Charakter aber bewahren auch noch die letzten und geringsten Wiederholungen antiker Skulpturen wie ein unveräußerliches Erbteil der klassischen Zeit. Die Erkenntnis dieses Wesentlichen muß in Michelangelo damals mit einem Schlage das schlummernde Gefühl eigenen Vermögens zur Helle des Bewußtseins geweckt haben.

Den ganz nur in plastischen Raumvorstellungen lebenden Bildhauer in ihm zog die Antike an, wie, nach dem homerischen Wort, den Mann das Erz anzieht.

Kapitel 5.

Will man nun aber den Versuch unternehmen, das Verhältnis näher zu bestimmen, in dem die Kunst Michelangelos zu der des Altertums steht, so wird man sich zunächst daran erinnern müssen, wie einseitig und eng begrenzt die Vorstellung der Zeit von der Antike war.

Eben im Beginn des 16. Jahrhunderts wurde in Rom zu ungeheurem Jubel der Laokoon aufgefunden. Noch am Fundorte selbst hat Michelangelo ihn als einer der ersten gesehen in dem großen Wendepunkt seines Lebens, als er nach fast genau zweijähriger Abwesenheit im März des Jahres 1508 nach Rom zurückkehrte, um die Ausmalung der Sixtinischen Decke zu beginnen. Und diesem größten Funde, dessen sogar die Relationen des venezianischen Gesandten als eines Ereignisses von politischem Belang gedenken, folgten bald andere: der vatikanische Herkulestorso, die Ariadne. Julius II. war es auch, der den schon früher in Porto d'Anzio entdeckten Apoll im Belvedere des vatikanischen Palastes aufstellen ließ.

Das sind die Werke, die Michelangelo in Rom beständig vor Augen hatte, die für Jahrhunderte das Urteil über die Antike bestimmen sollten.

Nur in der Blütezeit der griechischen Kunst herrschte der reine Einklang psychophysischen Gebahrens, die vollkommene Einheitlichkeit von Körper und Geist, die wir gewohnt sind, als das spezifisch Klassische zu empfinden: wo die Seele wie Quellwasser in ein helles Gefäß, willig und widerstandslos empfangen, die Höhlung rein ausfüllend dem Leibe eingegossen zu sein scheint.

Hier aber, bei den jetzt eben neu aufgefundenen Skulpturen der hellenistischen Spätzeit meldet sich in der veränderten Darstellung des Körperlichen, in der Wahl und Behandlung hochpathetischer Motive bereits ganz vernehmlich eine neue Auffassung der menschlichen Psyche und des Lebensvorgangs, eine Auffassung, die Michelangelos Temperament viel näher verwandt erscheint.

Was noch ganz unter der Schwelle des Gesamtbewußtseins der klassisch-hellenischen Menschheit geblieben war, was erst in den letzten Schöpfungen der antiken Kunst, den pergamenischen Altarreliefs etwa, dem Laokoon und in anderer Weise auch in dem Torso und der Ariadne sich äußert, das ist das Fundament seines Weltgefühls, das wird mehr und mehr das Prinzip, nach dem er seine Motive wählt, seine Aufgaben im Einzelnen sich zurechtlegt. An die Stelle des Empfindens eines schwebenden Gleichgewichtes von Wollen und Sollen ist die Erkenntnis der gegensätzlichen Tendenz von Materie und Willen, ja der Zwiespältigkeit des einen Willens selbst getreten, der Gedanken, »die sich untereinander anklagen und entschuldigen«.

Nur unter der Form ganz neuartiger, intensiver Bewegungsmotive konnte Michelangelo diesem neuartigen psychologischen Moment seelischer Spannung künstlerischen Ausdruck verleihen.

Aktion ist das Lebenselement seiner Kunst, das Pathos der Gebärde eine der wesentlichsten Äußerungen seines Stils.

Gewaltig breitet sein Herrgott so in den ersten Szenen der Weltschöpfung unter der Deckenwölbung der Sixtinischen Kapelle die Arme aus: das amorphe Chaos zur Kristallisation zwingend; Sonne und Mond in ihre ewigen Bahnen weisend; Segensströme auf die Erde ausschüttend; den Lebensfunken in den von Dumpfheit noch umfangenen Leib des ersten Menschen leitend.

Und neben diesen machtvollsten und einleuchtendsten Bildern ausgreifender physischer Aktion stehen die andern von tief verschlossener, aber ebenso leidenschaftlicher Art: wo der ganze Leib im Höchstmaß kubischer Geschlossenheit Form und Wirkung einer einzigen erschütternden Gebärde gewinnt, als das Symbol ewig in einem Körper widerstreitender Empfindungen. Es ist die stumme Sprache der Gebärde, die in den Sklaven der Boboligrotte wie in ewigen Naturlauten erklingt.

Wo Michelangelo es aber unternimmt, die Ruhe zu schildern, da ist es nicht die von keinem Wollen, keiner Absicht getrübte sanfte Verträumtheit der »leicht hin lebenden« griechischen

Götter und Menschen, deren Darstellung er sucht, ihm ist einzig die Gestaltung lastender Regungslosigkeit gegönnt, dumpfer Versonnenheit, bleischwerer Resignation. Ein Stillehalten wie für die Ewigkeit, ein Sitzen, für das die kleinen Maße der Zeit nicht mehr gelten – eine Ruhe des Körpers, die immer doch von qualvoll drängender Seelenbewegung erfüllt scheint.

So sitzen die drei Madonnen der frühen Reliefs, so Jeremias, so blickt der Pensieroro Lorenzo dei Medici regungslos-bewegt den aufsteigenden und an der Oberfläche zerspringenden Blasen seiner trüben Gedanken zu, so träumt die Nacht den bilderlosen Traum der Ewigkeit – alle durchwaltet von geheimnisvoll im Innern aufquellender Unrast.

Kapitel 6.

Es gehört nicht hierher, im einzelnen aufzurechnen, was etwa doch an versprengten Motiven der antiken Kunst in Michelangelos Werken neue Gestalt gewann. Für die Madonna an der Treppe, um nur einiges zu erwähnen, ist an einen Amethyst mit der Gestalt eines sitzenden Mädchens im Stil des 4. Jahrhunderts erinnert und an ein Grabrelief, das heute noch im Hof des Palazzo Riccardi, des alten Medizeerpalastes in Florenz, steht; für den Cupido ebenso an eine Chalzedonkamee und einen Karneol. Die apollinische Schönheit des Christusleibes der Pietà ruft wohl die Erinnerung an die Figur im vatikanischen Belvedere, der zum Himmel aufstöhnende Haman des einen Sixtinaeckzwickels die Erinnerung an Laokoon wach.

Nicht dies aber ist das wesentliche an Michelangelos Verhältnis zur Antike, auch nicht, daß in seine großartigste, nie zur Vollendung gediehene plastischarchitektonische Idee, den ersten Entwurf des Grabmals für Papst Julius II. Anregungen aufgegangen sind, die er den prächtigsten Schaustücken spätantiker Monumentalkunst, Triumphtoren und Kaisergräbern verdankt.

Die Beziehung ist umfassender und tiefer zugleich: sie wurzelt in der Gleichartigkeit der Grundvorstellung von dem, was unter bildhauerischer Kunst denn eigentlich zu verstehen sei, in der Verwandtschaft, die in der rein bildhauerischen Vorstellungs- und Gestaltungsweise zwischen den beiden großen Mächten, der Antike und Michelangelo trotz aller weltgeschichtlich und individuell begründeten Verschiedenheiten besteht.

Kapitel 7.

Wie der hellenische Bildhauer, mindestens in der frühen und reifen Zeit, ohne das Hilfsmittel eines durchgearbeiteten Modells den Marmor in Angriff nahm, so verstand auch Michelangelo die Kunst des Skulptors.

Wir haben freilich den Sinn für den stilbestimmenden Unterschied beinahe ganz verloren, der zwischen dem modellierenden Aufbauen einer Figur aus bildsam weichem Stoff und dem unmittelbaren Herausarbeiten der Form aus dem widerständigen Steinblock besteht, und auch dem späten Quattrocento ist – bei Vorwiegen der Bronzebildnerei – dieser Unterschied weder begrifflich noch sinnlich klar gewesen. Wir wissen aber, wie deutlich sich in der Verschiedenheit der stilistischen Haltung der Unterschied des technischen Verfahrens zwischen Marmor- und Bronzeplastik noch in den letzten abgeleiteten Kopien antiker Bildwerke ausprägt.

Es ist ein Zeichen oberflächlicher oder gedankenloser Gesinnung gegenüber den Werken der bildenden Kunst, wenn das Technische so betrachtet wird, als ob es von dem künstlerischen Endergebnis abgelöst auch nur vorgestellt werden könnte, als ob es dem Empfindungs- und Formengehalt gegenüber nur die untergeordnete Rolle eines Mittels zu höherem Zweck spiele. In Wahrheit denkt doch der Künstler schon bei der ersten Konzeption sein Werk in der Kunstform seiner Technik vollendet.

Es ist aber auch erst eine Seite der Sache, wenn man gelernt hat, von der sichtbaren Oberflächenform des fertigen Werkes die Art und den Gang seiner Entstehung abzulesen und damit auf das ethische und künstlerische Temperament des Künstlers zurückzuschließen.

Das wichtigste bleibt die Erkenntnis, daß in der Methode der künstlerischen Formgewinnung die eigentümliche Art des Kunstwollens selbst sich dokumentiert.

Seiner prinzipiellen Stellung zu der Frage hat Michelangelo in einem Brief an den Florentiner Historiker Benedetto Varchi im Sommer 1547 einen das Paradoxe streifenden Ausdruck gegeben. Ich verstehe, schreibt er, unter *Skulptur* die Kunst, die vermittelst des Wegnehmens geübt wird, die aber, die auf dem Wege des Zusetzens – plastisches Modellieren – betrieben wird, ist der Malerei verwandt.

Es ist einer der schwerwiegendsten Verluste für die Erkenntnis von Michelangelos künstlerischem Stil, daß sich von seinen Bronzewerken nicht eines erhalten hat: bald nach der Vollendung des großen Marmordavid hat er einen kleineren in Frankreich verschollenen Bronzedavid, nach der Aussöhnung mit Julius II. in Bologna i. J. 1507 ein wenige Jahre darauf zerstörtes Kolossalsitzbild des Papstes geschaffen und für das Juliusgrabmal waren Bronzereliefs wenigstens geplant, von deren Umfang man sich nach dem Kauf von 20 000 Pfund Kupfer im Sommer des Jahres 1515 doch eine Vorstellung machen kann. Wir können nur vermuten, daß Michelangelo selbst seine Arbeiten für den Bronzeguß nur als eine Abschweifung auf das nächste Grenzgebiet der Kunst betrachtet hat, die er in immer neuen Wendungen, in Vers und Prosa als sein Eigenstes zu bezeichnen nicht müde geworden ist: die Skulptur, die unverfälschte Meißelarbeit.

Ihr hat er ganz neue Wege gewiesen, ganz neue Ausdrucksmöglichkeiten abgewonnen.

Die Arbeit des Bildhauers begann damals allgemein mit der Herstellung eines etwa halbmeterhohen Modells aus Wachs, Ton oder Stuck zum Zweck der Festlegung der allgemeinen Proportionen und des Bewegungsmotivs im Großen. Auf Grund dieser ersten Skizze wurde dann aus einer zum Verhüten des Reißens beim Austrocknen besonders zubereiteten Masse das große Hauptmodell in der beabsichtigten Größe des endgültigen Bildwerks modelliert, das selbst somit zu einer mehr oder minder mechanischen Kopie des Zwischenmodells in edlerem und beständigerem Stoff herabsinkt.

Auch von Michelangelo haben sich kleine Wachs- und Tonmodelle der erwähnten Art in den Museen von Florenz und London erhalten, plastische Skizzen des Bewegungsmotivs, in dieser Form nie zur Ausführung gelangt, nie zur Ausführung bestimmt. Von hier aus begann dann aber bei Michelangelo – wie bei den Griechen – sogleich das Behauen des Marmors selbst.

Der Unterschied zwischen beiden Verfahren mag zunächst so bedeutend gar nicht erscheinen: man mag geneigt sein, ihn als Sache individuellen Temperamentes, als eine Äußerung des Selbstbewußtseins des vollendeten Praktikers, des Vertrauens in die technische Fertigkeit zu nehmen. Nun ist er auch alles das gewiß, dazu aber noch weit mehr: die Unmöglichkeit nachträglicher Korrektur – die bei dem großen Tonmodell bis zuletzt gegeben blieb – bedingt nicht allein die absolut klare Vorstellung der endgültigen Gesamterscheinung, sie setzt auch eine Konzentration aller seelischen Kräfte während der Arbeit voraus, die sich notwendig dann in dem fertigen Bildwerk äußern muß. Nur diese Methode endlich, die den Künstler von Anfang an in Kontakt mit seinem edlen Materiale setzt, läßt dessen eigentümlichste, die gestaltende Phantasie in einer ganz bestimmten Richtung antreibenden Reize sogleich auf ihn wirken und zwingt ihn im selben Moment zur dauernden und genauesten Rücksichtnahme auf die Eigenarten des Marmormaterials.

Was als Sache zufälliger Gewöhnung erscheinen konnte, wird somit zur notwendigen Voraussetzung der Marmorkunst, wie Michelangelo sie verstand und einzig gelten lassen wollte.

In engster Beziehung zu dieser kühnen Manier der Marmorbehandlung – deren Neuartigkeit von gleichzeitigen Künstlern wohl bemerkt und in ihrer Bedeutung auch wenigstens schon geahnt wurde, steht die eigentümliche Art des Arbeitsvorgangs, die an mehreren halbvollendeten Bildwerken Michelangelos deutlich erkennbar wird. Der Bildhauer begann bei der Bearbeitung des stets rechtwinkliggradflächig
  zugehauenen Marmorblocks an der Seite, die die Hauptansicht der fertigen Statue ergeben sollte mit schichtweisem Abheben der tiefer gelegenen Teile der umhüllenden Steinmasse. Wie von einer Figur – Vasari braucht das Bild – , die aus einem mit Wasser gefüllten Trog langsam hervorgehoben wird, die Flüssigkeit schichtweise zurücktritt und die reine Gestalt des Bildwerks freigibt, so befreit Michelangelo die fertig im Block gleichsam eingeschlossene Figur schichtweise aus der Gestaltlosigkeit ihres Marmorgrabes.

Mit unübertrefflicher Plastik hat Michelangelo selbst dies allmähliche Werden der Gestalt in dem Sonett an die Altersfreundin Vittoria Colonna geschildert, das vollkommen wäre, wenn der Dichter nicht bei der Anwendung des Bildes auf sein geistiges Verhältnis zu Vittoria mit einem Worte das Geleis der bildhauerischen Vorstellung verlassen hätte:

> Von eines Menschen Form den Geist erfüllt.
> Beginnt, was vor den Innern Blick getreten,
> Der Künstler als ein erst Modell zu kneten
> In schlechten Ton, der kaum die Form enthüllt.
> Doch dann in Marmor, langsam. Schlag auf Schlag
> Lockt die Gestalt der Meißel aus dem Steine,
> Damit sie rein, wie er gewollt, erscheine,
> Und neu beseelt erblickt sie so den Tag.
> So ich, wie ich zuerst war: nur mein eigen
> Modell; durch dich erst, Herrin, umgeartet
> In höherer Vollendung mich zu zeigen.
> Bald gibst du zu, was fehlt; dann wieder waltest
> Du scharf wie Feilen: – aber was erwartet
> Mein wildes Herz, wenn du das umgestaltest?

Ob zwischen dieser »neuen Methode« der plastischen Formgewinnung und der antiken Methode, die – wie unvollendet liegen gebliebene griechische Skulpturen archaischer und lysippischer Zeit beweisen – ganz die gleiche war ein Zusammenhang besteht?

Condivi erzählt in seiner Biographie Michelangelos, dieser habe in den Steinbrüchen von Carrara unfertige, nur erst im groben zugehauene antike Skulpturen aufgefunden, die ihm »assai buon saggio dell' artificio loro – sehr gute Belehrung über die Kunstweise der Alten« gegeben hätten. Um etwas Wichtiges muß es sich gehandelt haben, sonst hätte es sich der Erinnerung Michelangelos nicht so fest eingeprägt, sonst hätte er es der Erwähnung kaum für wert gehalten. Trotzdem bleibt es nur eine Vermutung, daß diese kostbare Belehrung sich auf den entscheidenden Punkt bildhauerischer Formengewinnung bezogen habe. –

Ausschlaggebend für die Wichtigkeit dieser ganzen technischen Betrachtung bleibt die Tatsache, daß die Art der (antiken und) michelangelesken Blockbehandlung den künstlerischen Wirkungseindruck entscheidend beeinflußt. Aus der geschilderten Arbeitsmethode folgt mit natürlicher Selbstverständlichkeit, daß alle am weitesten vortretenden Teile der Figur in eine Ebene, die ursprüngliche Vorderfläche des Blocks verlegt werden, daß alle tiefer gelegenen Partien zu dieser ideellen Vorderfläche in sichere Raumbeziehung gesetzt werden, die das Auge ohne Beschwer abzulesen, abzutasten, zu erfühlen vermag.

Auch die scheinbar verworrenen Gliederverbindungen ordnen sich, so gesehen, wie sie gesehen sein sollen: von der ursprünglichen Hauptseite des Blockes her: zu einleuchtender Übersichtlichkeit. Und von hier aus entfalten sie nicht nur ihre wirksamste räumlich-funktionelle, sondern zugleich auch ihre tiefste seelische Wirkung, die ja ganz und gar aus dem Miterleben der Formbewegung resultiert.

Keine mit Überschneidungen noch so interessant, noch so malerisch wirkende Schrägansicht der Madonna Medici erreicht – um nur diese eine Figur als Beispiel herauszugreifen – die reine, durch die gerade laufende Blockstufe und den beabsichtigten Aufstellungsort unzweideutig als Hauptansicht bestimmte Frontansicht. Nur diese eine von so viel möglichen entwickelt den ganzen Reichtum des Bewegungsinhaltes der Skulptur, nur sie gibt den Körper des Knaben in so strahlender Ausbreitung und läßt die Stimmung des Hochthronenden in der stolzen Gestalt der Madonna so innig mit dem Ausdruck gnadenvoll-mütterlichen Sich-zu-neigens verschmolzen erscheinen.

> Dir, der Unberührbaren
> Ist es nicht benommen,
> Daß die leicht Verführbaren
> Traulich zu dir kommen.

Kapitel 8.

Es war ein frevelhafter Eingriff in das Gesetz von Michelangelos bildhauerischem Stil, und eine recht barocke Idee zugleich, als Herzog Cosimo I. dei Medici die vier ihm – mit anderen – von des Künstlers Neffen Lionardo geschenkten unvollendeten Sklavenfiguren in eine von Bernardo Buontalenti eigens gebaute künstliche Tropfsteingrotte des Boboligartens beim Palazzo Pitti einmauern ließ.

Hier mochten sie wirklich – terribel – als »raumlose Figuren« erscheinen »ohne unten und oben, deren Bewegsamkeit als Ausdruck eines übermenschlichen Pathos keine Beeinflussung erfährt von Bedingungen unserer äußeren Welt«. Wer sie in diesem Zustande kannte und die aus der wüsten Höhle nun endlich Befreiten heute wieder sieht, muß die Empfindung haben, daß sie sich wie nach eingeborenem Gesetz, einer unverbrüchlichen Naturkraft gehorchend, selbst sogleich in den festen, aufrechten Stand zurechtgerückt haben, den der Künstler ihnen, wie allen seinen Geschöpfen im Räume angewiesen hat – in der künstlerischen Absicht, auch denen, die er selbst nicht endgültig placiert, nicht endgültig placieren konnte, weil er sie unvollendet stehen ließ.

Alle Stadien bildhauerischer Arbeit liegen bei diesen vier wundervollen Marmoren offen vor Augen, mit allen Instrumenten seines Handwerks sehen wir den Meister hantieren.

Mit dem stehenden Bohrer – der laufende Bohrer, den die späte Antike und dann wieder das Barock so virtuos zu handhaben wußte, fehlt unter Michelangelos Gerät noch – wird Stich bei Stich der Kontur der Gestalt im Großen vorpunktiert, mit Spitzhammer und Meißel werden Stück für Stück die Marmorbrocken abgeschlagen, in breiten Rillenlagen wird die Fläche abscharriert, bis die endgültige Form, wie im Nebel gesehen, in der weißen Marmorwolke auftaucht. Jetzt wird, zu immer bestimmterer Modulierung der Muskellagen, das Zahneisen in allen Richtungen über den Stein geführt und endlich mit dem Flachmeißel die Oberfläche abgeglättet. Nur der letzte Schliff, die Bimssteinpolitur, die die körnige Struktur des Marmors vernichtet, fehlt hier auch bei den sonst vollendeten Partien noch ganz – zum Glück.

An diesen vier Figuren wird nun auch ganz deutlich, welche Rangfolge Michelangelo den einzelnen Teilen des Körpers zuweist. Die Gesamterscheinung ist in ihren Grundzügen überall festgelegt, in der Durchbildung aber müssen die äußeren Glieder gegen den Rumpf zurückstehen, der mit seinem anatomischen Formenreichtum ausdrucksvoller Muskulatur den Bildhauer zuerst zur Vollendung reizen mußte.

Am weitesten ist überall der Hüftgürtel gefördert, dieser Angelpunkt des Leibes, an dem alle Glieder hängen, von dem alle Bewegungen des Körpers ausgehen, auf den sie alle am entschiedensten zurückwirken. Von diesem Brennpunkt der Bewegung aus kühlt sich die Durchbildung der Form gegen die Peripherie hin gradweise bis zu der völligen Erstarrung von Füßen, Händen, ja des Kopfes selbst ab, über dem bis zuletzt der verhüllende Schleier liegt, der bei der am wenigsten geförderten Figur noch ganz im ungefügen Urblock, während die Hüften sich schon im Licht organischer Form zeigen. –

Auch bei den Allegorien der Abenddämmerung und des Tages an den Medicigräbern, die Michelangelo bei seinem Fortgang von Florenz nach Rom unvollendet zurückließ, bedeckt das Gesicht noch ein nur halb durchsichtiger Marmorschleier und bei dem Christus in Sa. Maria sopra Minerva in Rom wurden der rechte Fuß, Hände und Kopf erst an Ort und Stelle von Schülern vollendet.

Kapitel 9.

Die klare Zurschaustellung der Figur in kompakter Geschlossenheit plastischer Form unter möglichster Ausnutzung des ursprünglichen Blockvolumens muß als erster und wesentlichster Grundsatz in Michelangelos bildhauerischem Gestalten genommen werden.

Schon in seinen frühesten Freiskulpturen, dem Bacchus und der römischen Pietà, deren zart beseelender Oberflächenrealismus des Nackten quattrocentistischen Gewöhnung noch verwandt erscheinen mag, meldet sich diese neue Absicht plastischer Figurenkomposition: deutlich ausgesprochen wird sie bereits bei der Brügger Madonnengruppe. Bei dem David-Giganten, der mit großartig tendenzvoller anatomischer Belebung der Gestalt wie ein Sieger auf der Schwelle des neuen Jahrhunderts steht, war wirklich ein mehr als dreißig Jahre zuvor von Bartolomeo di Pietro beim Zurichten verhauener Marmorblock das Erstgegebene: Anlaß und Anreiz zur Erfindung der Figur, die im wahren Wortsinn nun dem Block auf den Leib zugeschnitten wurde, so knapp abgepaßt, daß bei der fertigen Statue die morsche Rinde des Steins am Kopf und Felssockel sichtbar blieb. Ein Kunststück richtiger Berechnung, ähnlich der konventionellen Trefflichkeitsprobe einer Aktakademie, die das Studienblatt vom oberen bis zum unteren Rande füllen soll.

Dieser extreme Fall hat sich nun freilich so kaum noch einmal wiederholt. Auch später aber hat es oft genug den Anschein, als sei Abmessen und erstes Zurichten der Blöcke schon auf Grund einer noch vagen Phantasievorstellung der endgültigen Komposition geschehen: als sei nur die Gattung, nicht auch schon das Individuum der zukünftigen Figur im voraus fest bestimmt gewesen: immer wieder meldet sich die Empfindung, daß die konkrete Gestalt des Blocks Hebammendienste bei der Geburt der Form geleistet habe.

Wie die Herzoge Giuliano und Lorenzo über den mit eng in Rhombenform zusammengeschobenen Gliedern gelagerten Allegorien der Tageszeiten in ihre engen Nischen zurückgeschoben fronen, so steckten sie in dem Marmorprisma, das sie unsichtbar- sichtbar noch umschließt. Und nicht anders ist es bei den Sklaven des Juliusgrabmals, bei dem Christus der Minerva, dem späten David-Apollo, der Madonna Medici und der rätselhaften würfelförmig zusammengehockten Figur des St. Petersburger Jünglings.

Welch Reichtum aber in der jedesmal ganz neuen Form der Lösung auch bei den innerlich so nah verwandten Figuren einer Serie, welch rastloses Fortschreiten zu stets verwickelteren, stets reicheren Motiven. Die künstlerische Absicht geht augenscheinlich auf eine immer erschöpfendere Organisation des Blockvolumens, eine immer machtvollere Belebung der Oberfläche aus. Raumfüllender jedesmal scheint die Figur im toten Stein zu stecken, immer reicher und vielgestaltiger drängt von innen her die Gebärde des Körpers an die Oberfläche.

Ist es wirklich nur der geheimnisvolle Reiz des Unvollendeten, das die Phantasie zum ewig Werdenden sich umdeutet, wenn in den vier zur Hälfte, zu einem Drittel und Viertel erst aus dem Block qualvoll sich losringenden Figuren der Boboligrotte der Höhepunkt in Michelangelos bildhauerischem Schaffen gefunden wird? Aber lassen sie nicht wirklich in überreicher Lebensentfaltung jeder Form auch die vollendeten Sklaven des Louvre noch hinter sich, und überbieten sie nicht auch die Tageszeiten der Medicigräber noch an raumfüllender Geschlossenheit der Wendungen des Leibes, der Lagerung der Glieder, die sich überall der Oberfläche des Blockes entgegendrängen, sich an diese Grenze gegen das Nichts gleichsam anzustemmen scheinen?

Kapitel 10.

Warum blieben gerade diese Figuren, warum blieb auch sonst so vieles in Michelangelos bildhauerischem Werk unvollendet?

Die immer wieder aufgestellte Behauptung, daß Fehler in der Berechnung des Blockvolumens, ein regelrechtes Verhauen des Marmors, daß die Einsicht, »daß das ganze Werk in der ursprünglichen Intention überhaupt nicht zu Ende zu führen sei«, der Anlaß zur Aufgabe des fast Vollendeten gewesen sei, hält vorurteilsfreier Prüfung doch nur in ganz wenigen Fällen stand, bei der Madonna Medici etwa und den letzten Gruppenkompositionen der Pietà und Grablegung.

In den meisten Fällen wird das Gewonnene ihm hinreichend erschienen sein, den beabsichtigten künstlerischen Eindruck hervorzurufen. Auch dem drängenden Papst Julius hat er den Moment als den Augenblick der Vollendung des Kunstwerks bezeichnet, in dem er selbst die Überzeugung gewonnen, *sich selbst* in der Frage der künstlerischen Wirkung genug getan zu haben: quando io harò satisfatto a me nelle cose dell' arte. –

In anderen Fällen mag, wie wir das oft wirklich nachrechnen können, ein neuer größerer Entwurf, von allen Kräften der Vorstellung Besitz ergreifend, sich zwischen ihn und ein begonnenes Werk gedrängt haben.

Oft aber wird man den letzten Grund für die immer sich wiederholende Erscheinung doch nur in dem unseligen Einfluß des dämonischen Temperamentes suchen dürfen, dem der leitende Wille – nach Goethes Formel – nicht weiter zu gebieten vermochte.

So unendlich reich Michelangelo die künstlerischen Vorstellungen im Stadium der Mania zugeströmt sein müssen: die Feststellung der endgültigen, der erschöpfenden Form muß auch diesem Genius Qual und Mühsal gewesen sein.

Seine eigenen Äußerungen über diesen düstern Zustand seiner Seele sind naturgemäß nicht allzu zahlreich. Wenn er aber darauf zu sprechen kommt, wie etwa in der Zeit, in der die Sixtinadecke entstand, da strömt er über von Seufzen und Klagen.

»Nunmehr seit einem Jahre habe ich von diesem Papste Julius nicht einen Groschen bekommen, und ich fordere auch nichts, denn meine Arbeit geht nicht vorwärts und ich glaube daher auch nichts zu verdienen«, schreibt er im Januar 1509 – »ich lebe hier unzufrieden, nicht allzusehr gesund und ohne Geld, doch habe ich gute Zuversicht, daß Gott mir helfen wird«, heißt es im Juni – »ich lebe hier in großer Sorge und unter den größten körperlichen Anstrengungen und habe keinen einzigen Freund, will auch keinen, und habe nicht soviel Zeit, um das Notwendige essen zu können«, im Oktober. Und so zieht es sich weiter hin durch die lange Reihe der Briefe gerade aus dieser Zeit, die zu lesen Qual ist, bis zu dem letzten Wort in der Sache im Herbst des Jahres 1512: »ich habe die Kapelle, die ich ausmalte, beendet Der Papst ist sehr zufrieden damit.« Wie eine endlich ans Ziel getragene Last wirft er das Werk von den Schultern, das größte, das ihm gelang; dieses Werk, das man in einem einzigen großen Rausch des Schaffens entworfen und vollendet denken möchte.

Kapitel 11.

Wie eine bittere Ironie des Schicksals mutet es an, daß ihm, der immer nur die Skulptur als sein Metier hat gelten lassen wollen, der immer wieder behauptet hat, die Malerei sei seine Sache nicht, die Vollendung des größten bildhauerischen Entwurfs seines Lebens, des Juliusgrabmals, versagt blieb, weil diese aufgedrungene Sixtina-Deckenmalerei dem erstgeplanten Werk die Lebenskraft entzog, und daß dann dieses Werk, mit dem er noch im Januar 1509, mitten doch schon in Entwürfen, »seine Zeit ohne Erfolg zu verlieren« glaubte, den höchsten Ruhm bei Mit- und Nachwelt finden sollte.

Aber alle jene oft wiederholten abfälligen Urteile über die Grenzen des eigenen Talents, finden, so absolut sie klingen mögen, zum guten Teile ihre Erklärung eben in dieser erschütterndsten Enttäuschung seines Lebens, der »Tragödie des Grabmals«.

Michelangelo hat die Kunst sein Weib genannt: den Tod des am heißesten geliebten Kindes dieser Ehe hat er nie ganz verwunden.

Trotzdem ist nicht daran zu zweifeln, daß die primäre Anlage seiner Natur wirklich die der plastischen Formvorstellung war, und mehr kann auch jene ausschließende Selbstcharakteristik im Ernst nicht bedeuten sollen.

Ganz freiwillig, scheint es doch, hat er fünf Jahre vor dem Beginn der Arbeit an der Sixtinadecke das Rundbild der Madonna Doni unternommen, dieses Form gewordene Sonett klangvoll gereimter Gliederverschränkungen, in dem die zarteste Innigkeit des Empfindens ohne Sentiment in reine Kunstform aufgelöst ist.

Und gleich darauf hat ihn der Gedanke, in einem monumentalen Fresko für den Sitzungssaal des großen Rates von Florenz mit Lionardo in Konkurrenz zu treten, leidenschaftlich ergriffen. Wenn der Karton, dessen Zerstörung dem Verlust der Bronzestatue Julius II. gleichkommt, dann doch unvollendet liegen blieb, so geschah das einzig darum, weil ein Größeres dazwischentrat: die Berufung nach Rom im März des Jahres 1505.

Schlag auf Schlag folgten sich damals die Ereignisse in Michelangelos Leben.

Aus dem großen Brand, in dem das Juliusdenkmal zusammenbricht, erhebt sich die Sixtinadecke: wie aus aufgehäuften Zündmassen in einer erschütternden Detonation eine bunte Flammengarbe hoch aufschlägt.

Wir erleben eine Metamorphose ohnegleichen: aus den auf dem Platze vor St. Peter und am Tiberufer für das Grabmal sich türmenden Marmorblöcken erhebt sich eine Wolke neuer Gestalten, um von dem gestirnten Himmel der Deckenwölbung der päpstlichen Hauskapelle Besitz zu ergreifen.

So betrachtet gewinnt nun auch die Rolle, die die Malerei in Michelangelos Leben zu spielen berufen war, eine neue Bedeutung. Auch nach der vorteilhaftesten Rechnung hätte bei seiner, die Beihilfe fremder Hände ausschließenden Art zu arbeiten, ein Leben nicht zugereicht, auch nur das Juliusdenkmal in den Maßen des ersten Entwurfes zu vollenden.

Was ihn im ersten Moment, in der leidenschaftlichen Überschätzung des menschenmöglichen wie ein Vernichtungsschlag getroffen hat, die Entziehung des Grabmals und der Auftrag, statt dessen die Sixtinadecke auszumalen, ist schließlich doch nicht nur der Welt, sondern auch ihm selbst zum Segen ausgeschlagen.

Die einzelnen Elemente des Denkmalentwurfs sind in das neue Werk aufgegangen, sind hier Wirklichkeit geworden. Unendlich mehr aber trat dann noch hinzu, dessen Möglichkeit ihm selbst erst im Verlauf des Planens und Entwerfens aufgingen: die historische Tragödie der Genesis, zu der er selbst ein Menschenalter später den Schlußakt des Jüngsten Gerichtes fügen sollte. –

Kapitel 12.

Immer wieder treffen wir in Michelangelos Werk auf das Prinzip der Reihung gattungsgleicher Motive, auf das Prinzip der Variation formaler Ideen im Ausbau eines fruchtbaren Grundgedankens – wobei dann freilich oft die lang gedachte Reihe nicht über die ersten Nummern hinausgedieh.

Zwölf Apostelstatuen nimmt er im Jahre 1503, noch mit der Vollendung des David-Giganten beschäftigt, auf einen Schlag von den Prioren der Weberzunft für die Chorkapellen von Sa. Maria del Fiore in Florenz in Auftrag. Nur eine, der Matthäus, wurde begonnen, und diese eine selbst nur halb vollendet.

Der erste gigantische Entwurf des Juliusdenkmals zählte an solchen unter sich wesensgleichen Reihen gar sechzehn Sklaven, acht Viktorien, ebenso viele Unterworfene, vier monumentale Sitzfiguren: der Moses, der Sieg, die sechs Sklaven, von ihnen nur zwei vollendet, sind das ganze Resultat. Und wieder: auch wenn man von dem früheren, sechs Grabmäler für die Medici vorsehenden Plan ganz absieht, so fehlen bei dem zur Ausführung geretteten der beiden Reihen von Sitzfiguren und Tageszeiten-Allegorien in der Sakristei von San Lorenzo doch immer noch die beiden anderen Reihen der Nischenfigurenpaare und der vier Flußgottheiten, die ihren Platz zu ebenem Boden finden sollten.

Was ihm in allen diesen Fällen der Marmor vorenthielt – immer von neuem scheint Michelangelo sich, im ersten Aufflammen der Phantasie widerstandslos fortgerissen, nicht über das geistig, aber über das in diesem Material physisch Mögliche getäuscht zu haben – das hat er unter dem Gewölbe der Sixtinischen Kapelle zu vollkommener Entfaltung gebracht. Nach Ausdrucks- und Schmuckbedeutung abgestuft schließen sich hier die sieben Reihen der Historien, der Propheten und Sybillen, der ungefesselt nackten Jünglinge, der Kinderkaryatiden an den Thronwangen, der Bronzeakte in den Stichkappenzwickeln, der Familienszenen endlich auf Stichkappen und Fensterlunetten zu einer einzigen großen Komposition zusammen.

So mannigfaltig wiederholt gewinnt diese methodische Art der Formerfindung den Charakter eines auf der Organisation von Michelangelos künstlerischer Phantasie beruhenden Prinzips: er zeigt die Unerschöpflichkeit seiner Gestaltungskraft auf seine Weise, indem er den Beweis für die unendliche Variabilität eines einmal gegebenen Motivs erbringt. –

Kapitel 13.

In einem Brief an Sebastian del Piombo hat Michelangelo einmal – in der Zeit der Arbeit an den Medizeergrabmälern – von seinem Trübsinn, seiner Melancholie gesprochen, und in dem Selbstbekenntnis eines Sonetts findet sich das düstere Wort: »Mir ist zu meiner Zeit die Nacht gegeben«. – Wir haben allen Grund, solche Äußerungen nicht als den Ausdruck momentaner Depression zu nehmen: sie bezeichnen den vorherrschenden Lokalton im Kolorit seines Temperaments.

Verdüstert und einsam, sich in sich selbst verschließend, steht er abseits der prunkvoll-vornehmen Geselligkeit der Zeit, an der er nur mit seiner Kunst, immer Unvorhergesehenes gebend, Anteil nimmt, mit seiner Kunst, die nichts weniger ist, als der Exponent der allgemeinen Zeitstimmung, und doch das Höchste und Beständigste, was sie hervorgebracht hat.

Ihr fehlen die Motive sieghafter Erscheinung, leichten Aufschwungs, frei sich regender Energie ganz. Auch unter den nackten Jünglingen der Sixtina, bei denen man am ehesten nach dem Ausdruck solcher Stimmung suchen möchte, bildet jener eine, immer wieder dem Theseus des Parthenon-Giebels – mit Recht – verglichene, links oberhalb Jeremias, eine Ausnahme, die gerade in ihrer Einzigkeit so faszinierend wirkt.

Da ist unter so vielen kaum eine Figur, die ganz von einem befreienden Impuls, einer ungeteilten Seelenstimmung durchwaltet würde. Selbst die Schöpfungstaten seines einsamen Gottes erscheinen am gewaltigsten in den ersten Akten, die die Qual des Schaffens wie ein Sprengen hemmender Fesseln, ein Vernichten von Widerständen malen.

> Und er sprach das Wort: Es werde!
> Da erklang ein schmerzlich Ach!
> Als das All mit Machtgebärde
> In die Wirklichkeiten brach.

Alle Geschöpfe seiner Phantasie macht Michelangelo zu Behältern eines nur ihm eigentümlichen qualvollen Lebensgefühls.

Das weite Gebiet psychophysischer Differenzzustände in allen Graden der Spannung ist seine Domäne: die Darstellung des im Bette des Körpers mächtig aufflutenden, matt verebbenden Willensstromes. Bald sind sie ganz Widerstand, anschwellender Aufruhr, Empörung gegen die Hemmungen äußerer Gewalten, bald scheinen sie sich in leidenschaftlichen Seelenqualen zu winden, bald – der Herrschaft des bestimmenden Willens entzogen – in purpurnes Unbewußtsein zu versinken. Von je haben die beiden Sklaven des Louvre als der vollkommenste Ausdruck dieser Pole der Empfindung gegolten.

Das unscheinbarste äußere Motiv wird für Michelangelo oftmals zum Anlaß einer grandios entfalteten Formerfindung.

Das Kranzaufhängen bei den nackten Jünglingen der Sixtinadecke, das Herablangen des gewichtigen Folianten vom hohen Bort bei der Libyca, das Anziehen und Hochstemmen des einen Fußes bei der Nacht der Medizeergräber.

Öfter noch scheint ein physisches Motiv ganz zu fehlen: hier aber, in den rätselvollsten Erfindungen seiner künstlerischen Phantasie, als deren Vertreter die vier unvollendeten Sklaven der Boboligrotte noch einmal genannt werden müssen, tritt eine aus dem Innern quellende seelische Motivierung ein, die sich der klaren Wortbezeichnung nur darum ganz entzieht, weil in der Textur der michelangelesken Kunstpsyche so mannigfach sich kreuzende Empfindungsfäden so dicht in Eins verwoben scheinen, wie sonst nur in Schöpfungen Rembrandts, des einzigen ihm Vergleichbaren aus einer ganz anderen Sphäre der Kunst.

Immer wieder seit dem David-Giganten hat Michelangelo zu übermenschlichen Formaten gegriffen – und doch ist unter allen diesen übermächtigen und wirklich kolossal gestalteten Figuren nicht eine – der David selbst nicht ausgenommen – die durch ihr physisches Größenmaß allein bedrückend wirkte.

Überall ist die gewaltige Körperlichkeit in rätselhafter Weise geistbelebt, seelisch durchdrungen. Ja, man ist viel öfter – auch bei den Allegorien der Medicigräber – geneigt, Michelangelos Gestaltung zierlich als kolossalisch zu nennen.

Dieser Eindruck beruht vornehmlich auf der lebhaften und reichen Aktion seiner Figuren, auf der Vielzahl ihrer Leibeswendungen und Beugungen, auf der vollkommenen künstlerischen Organisation, die auch den gewaltigsten Bildungen den Ausdruck leichter Bewegungsmöglichkeit gibt, dann aber auch auf der reich gliedernden Art seiner Körperbehandlung, die in den vielteiligen Gelenken, Knien und Ellenbogen etwa, am sprechendsten sich äußert.

Übermenschlich freilich bleibt alles, was er geschaffen hat, aber in einem anderen geistigeren Sinne. Alle seine Geschöpfe haben eine Lebensmöglichkeit nicht in dieser Welt der Wirklichkeit, nur in der der Kunst, und wer das Erwachen dieser herkulischen Gestalten zu unserem Leben fürchtete, der verkannte doch – einen Augenblick – das unverbrüchlichste Gesetz ihrer kunsthaften Scheinexistenz.

Trotzdem aber, oder eben deshalb: Schöpfungen einer »Leben mitteilenden Kunst«. – Leben spendend durch die unwiderstehlich suggestive Kraft, mit der sie das Körpergefühl des Betrachters anregt und ihn damit zum körperlich-geistigen Mitempfinden ihrer Formensymbole zwingt, – im Tiefsten befreiend, weil das formlos wogende Gefühl in ihnen aus dem peinigenden Zustand chaotischer Gestaltlosigkeit zur anschaulichen Klarheit künstlerischer Erscheinung umgeschaffen ist.

Man hat in Michelangelos Werken das Gepräge epischer Kunst finden wollen. Aber sind sie nicht eher dramatisch zu nennen, stumm immer tragisch monologisierend?

Skulpturen

Die Madonna an der Treppe. Florenz, Casa Buonarroti.

Von MAs Neffen Lionardo dem Herzog Cosimo 1. geschenkt, 1617 von Cosimo II. der Familie Buonarroti zurückgegeben.

Sehr flaches Relief in der Art, wie es sich gelegentlich schon bei Arbeiten Donatellos und seiner Nachfolger findet. Aus der frühesten Zeit von MAs bildhauerischer Tätigkeit, etwa aus dem Jahre 1494.

Möglicher Beziehungen zur Antike ist in den Vorbemerkungen gedacht, zahlreiche Einzelzüge der Komposition sind schon bei Donatello nachgewiesen – trotzdem erscheint das Werk im ganzen als eine völlig selbständige Komposition, reich an Hinweisungen auf die Werke der späteren Zeit.

Nicht das »umgeknickte Handgelenk« des zurückgelegten Armes bei dem Kinde ist an sich das bezeichnende, sondern die komplizierte und dabei doch ganz ungezwungen natürliche Lagerung des ganzen Körpers. Wie später noch so oft ist hier die Ableitung der reichen Form aus einer überaus einfachen Situation geschehen.

Daß mit der hohen Haltung der Madonna ein bestimmter Empfindungsausdruck gewollt und erreicht ist, versteht sich von selbst, – wichtig aber ist, daß die Komposition im ganzen trotzdem nicht als religiöses Devotionsbild, sondern nur als Kunstwerk wirkt. Die vier paarweise ringenden und ein Tuchgehänge haltenden Kinder im Hintergrund vor allem verdanken ihr Dasein einzig dem künstlerischen Bedürfnis nach der Darstellung bewegter menschlicher Form.

Kampf der Kentauren und Lapithen. Florenz, Casa Buonarroti.

Immer im Besitz der Familie. Jugendarbeit, aber wohl sicher später als das Madonnenrelief. Ein Bronzerelief von Bertoldo, dem Verwalter der medizeischen Antikensammlung des Gartens von S. Marco, das oft als MAs direktes Vorbild erwähnt wird, bietet nichts für die *künstlerische* Leistung vergleichbares.

Im Gegensatz zu dem locker-durchsichtigen der früheren Madonna an der Treppe hier ein dicht verschränktes Gewebe – nackter – Gestalten: die Pferdeleiber der Kentauren verschwinden für das Auge fast ganz, sehr deutlich aber sind durch unaufdringliche Gesten, Gesichtswendungen und -Ausdruck, durch die Besonderheit ihres geistigen und körperlichen Gehabens Männer und Frauen unterschieden.

Statt der ganz flachen Marmorbehandlung bei dem Madonnenrelief hier ein tiefes, Licht-Schattenkontraste bewirkendes Aufarbeiten der Tafel, mit klarer Bezeichnung des Arbeitsfortschritts von der Vorderfläche, deren Rand ringsum als Rahmen stehen geblieben ist, gegen den Grund hin.

Kettengehänge von Motiven des Reißens, Zerrens, Anstemmens, Widerstrebens, Tragens, des Hoch-sich-aufrichtens und Frei-sich-entfaltens, des Lastend-liegens und Eng-sich-zusammenkrümmens.

Nach unbegründeten Zweifeln an der Richtigkeit des alten Titels scheint man sich heute wieder darauf einigen zu wollen, daß wirklich ein Kampf zwischen Lapithen und Kentauren um Frauen dargestellt ist, und zwar der Kampf des Herkules (links) gegen den Kentauren Eirithion (in der Mitte oben) um Deianira (in der Mitte vorn).

Bacchus. Florenz, Bargello.

Von Jacopo Galli 1497 in Auftrag gegeben, wohl vor dem Beginn der Arbeit an der Pietà (spätestens Ende August 1498) vollendet. Seit Ende des 16. Jahrhunderts im Besitz der Großherzoge von Toskana.

Mit Recht ist immer der Gegensatz der Auffassung Dionysos' zwischen MA und der antiken Kunst hervorgehoben Er beruht auf der grundsätzlichen Verschiedenheit der künstlerischen Problemstellung.

MA stellt sich, unbeirrt durch Vorstellungen der antiken und der quattrocentistisch-zeitgenössischen Poesie, hier zum ersten Male die Aufgabe, den menschlichen Körper als Gefäß eines gelähmten Willens darzustellen, in diesem besonderen Fall den Körper in dem psychophysischen Zwischenzustand beginnender Trunkenheit.

Der künstlerische Geist des Werkes beruht darin, daß, in dieser Figur wirklich einmal ohne speziell seelische Motivierung, der leitende Wille zugunsten rein animalischer Körperfunktion ausgeschaltet ist. In dem labilen Aufbau des Bewegungsmotives, in der umfassenden Lebensgenauigkeit der Oberfläche ist ein Grad des Realismus erreicht, der gegenüber der spielerischen Häufung realistischer Einzelbeobachtungen in der späten Quattrocentokunst wahrhaft monumental wirkt. –

Der Trauben naschende Panisk ist eine poetische Dreingabe ohne formalen Zusammenhang mit dem statuarischen Motiv der Hauptfigur.

Cupido. London, Victoria aud Albert Museum.

Der linke Arm, im Hauptmotiv der Bewegung wohl richtig – doch vielleicht mit etwas zu weitem Ausladen des Ellenbogens? – in der Mitte des 19. Jahrhunderts durch Santarelli ergänzt. Die Figur ist MA in der ersten Zeit seines ersten römischen Aufenthalts (1496 bis 1501) von dem römischen Bankier Jacopo Galli in Auftrag gegeben, für den der Bacchus gearbeitet wurde und dem MA auch den Auftrag für die Pietà verdankt. Vgl. Vorbemerkg.

Die Pietà. Rom, St. Peter.

Jacopo Galli hat die Bestellung der Gruppe durch den französischen Gesandten am päpstlichen Hof, Kardinal Jean de Villiers de la Grolaye vermittelt. Der Kontrakt wird am 26. Aug. 1498 unterzeichnet – schon Ende 1497 ging MA, zum ersten Male in seinem Leben, nach Carrara, um den Marmor zu wählen. Die Gruppe stand zunächst in der von dem Kardinal gestifteten Kapelle der Petersbasilika, die dem Neubau von St. Peter durch Bramante weichen mußte. Nach zweimaligem Wechsel des Aufstellungsortes befindet sie sich seit 1749 viel zu hoch über dem Altar der ersten Seitenkapelle rechts in St. Peter.

Der Hauptakzent in der zu vollendeter Gruppeneinheit zusammengeschlossenen Komposition liegt auf dem von Maria der Betrachtung dargebotenen Leichnam Christi. Er zeigt das im Bacchus angeschlagene Motiv in eine andere Tonart transponiert. Dort die Glieder in der Willensumnebelung der Berauschtheit gelockert, hier willenlos im Tode gelöst. Die Arbeit ist in der gleichen Absicht umfassender künstlerischer Realisierung des in der Natur gegebenen durchgeführt, mit allen den Verfeinerungen, die die Wahl einer grazil gearteten Körperlichkeit von apollinischer Zartheit des Skeletts und der Muskulatur forderte. Noch im Sinne quattrocentistischer Formbelebung ist der Reichtum des stellenweise sehr tief unterhöhlten Faltenwerks im Gewand der Madonna durch Häufung vieler kleiner Motive gewonnen. Dieser Reichtum, dessen Glanzwirkung durch Oberflächenpolitur noch verstärkt wird, ist in der Berechnung des Künstlers wesentlich als Folie für den Körper Christi zu verstehen. Auf dem Brustbande der Madonna eingemeißelt: MICHAEL ANGELVS BONAROTVS FLORENT. FACIEBAT.

David. Florenz, Accademia.

Am 16. August 1501 wird MA der verhauene Block (vgl. Vorbemerkungen) für den David-Giganten überlassen, am 25. Jan. 1504 findet eine erste Beratung über den Ort der Aufstellung statt: ob vor dem Dom, im Hof oder am Eingang des Signoriapalastes, ob unter der Loggia dei Lanzi. In einer zweiten Sitzung wird der Platz links vom Eingangsportal des Signoriapalastes festgesetzt, am 8. Juni 1504 ist die Aufstellung beendet. Während des Aufstandes im Jahre 1528 wird der linke Arm der Figur abgeschlagen, 1543 durch Cosimo I. wieder angesetzt. Im Jahre 1874 ist die Figur in die Akademia übertragen. Heute steht eine Marmorkopie auf dem alten Platz des Originals vor dem Signoriapalast.

Es gibt zwei Wege, das Kolossalformat einer Figur durch Stilisierung ästhetisch erträglich zu machen: einmal die vereinfachende Zusammenfassung benachbarter und verwandter Formengruppen zu größeren, einheitlichen Flächen oder kubischen Massen – und zweitens die gleichmäßig steigernde Belebung jeder Einzelform. Den letzteren Weg hat MA beim David eingeschlagen. Er ist sein »Meisterstück«, das Werk, mit dem er seine Lehrzeit vor dem Modell im eigentlichsten Sinne abschließt, – eine Aktstudie von ebenso großer Gewissenhaftigkeit wie Freiheit der Behandlung. Unästhetisch, d. h. rein nach dem Gegenstande betrachtet, mag die Kolossaldarstellung eines halbwüchsigen nackten – ja vielmehr der Kleider entledigten – Jungen unerträglich erscheinen, die prachtvolle Belebung jeder anatomischen Form, die MA ihm hat angedeihen lassen, macht sie zu einer künstlerischen Tat. Die flächige Entwicklung der Figur erfordert eine feste Rückwand, wie sie ja die alte Aufstellung darbot.

Die Deutung des dargestellten Momentes machte den Erklärern von jeher zu schaffen: unter den vielen Vorschlägen befriedigt keiner ganz. Man wird MA nicht zu nahetreten, wenn man annimmt, die Form des zu anderem Zweck schon zugehauenen Blockes habe ihn in der klaren Durchführung des Motives behindert. Die Renaissance empfand jedenfalls mehr im Sinne des Künstlers als unsere Zeit, wenn sie sich an der hochbedeutenden Form, an dem *Sichtbaren* freute, ohne sich über das Unsichtbare den Kopf zu zerbrechen: wo »Stock« und »Sack« der Schleuder zu suchen sei und welchen Schleudermodells der kolossale Jüngling sich denn überhaupt bediene.

Zwei Rundreliefs: *Die Madonna mit dem Kinde und Johannes.*

Unvollendet, um 1504. Erstes 1823 aus der Sammlung Wicar in Rom für das British Museum erworben, jetzt in der R. Accademy of Fine Arts in London. Zweites 1823 für die Uffizien angekauft jetzt im Bargello, Florenz.

Zwei Variationen des gleichen Themas: Kreiskompositionen mit drei Figuren in Marmor, wie die wenig früher für Angelo Doni gemalte h. Familie eine Kreiskomposition war. – Das Florentiner Relief ist stilistisch entwickelter. Die Vereinfachung der Draperiemotive, die größere Geschlossenheit der Raumfüllung, die Klarheit des Gliederzusammenhaltes hier haben der zerstreuteren Komposition des Londoner Reliefs gegenüber, bei dem vor allem die Lagerung der Madonna – nicht etwa nur, weil das Relief unvollendet ist – unklar bleibt, das Gewicht von Selbstkorrekturen des Künstlers. Übrigens sind beide Kompositionen – auch die ernstere, höher gestimmte in Florenz – von einer Gleichmäßigkeit der Belebung, von einer Heiterkeit und Stille der Empfindung, deren Ausdruck MA so nie wieder gelungen ist.

*

Matthaeus. Florenz, Accademia.

Unvollendet, gearbeitet mit Unterbrechungen zwischen 1504 und 1508. 1834 aus der Domopera in die Accademia übertragen.

In dem am 24. April 1503 unterzeichneten Kontrakt verpflichtet MA sich zur Herstellung von 12 Apostelstatuen für den Dom von Florenz. Aus dem allein begonnenen Matthaeus ersehen wir, daß eine Reihe bewegter Standfiguren geplant war. Die Statue bereitet in ihrer stark kontrapostischen Bewegung schon auf die späteren Sklaven des Juliusgrabmals vor. Das Stufenmotiv, auf dem sich hier die ganze Komposition aufbaut, erscheint auch bei der gleichzeitig entstandenen Brügger Madonna. In seinem unvollendeten Zustand ist der Matthaeus das erste sichere Beispiel von MAs in den Vorbemerkungen näher erörterten Arbeitsmethode, deren Bedingungen und Wirkungen hier schon ganz deutlich werden.

Maria mit dem Kinde. Brügge, Liebfrauenkirche.

Um 1505. Das kompositionelle Motiv, die Sitzfigur durch Höherstellen eines Fußes in der Gliederlagerung mannigfaltig zu gestalten, findet sich bereits bei der Pietà. Hier ist der Unterschied der Kniehöhe noch stärker betont als dort. Der Körper des Kindes wird durch das kindlich-natürliche Heruntertasten von dem Schemel mit dem rechten Fuß in lebhaftes Formenspiel gesetzt. Die blockmäßig-kompakte Geschlossenheit der Gruppe ist besonders zu beachten. Die Frontalhaltung der Madonna ist – ebenso wie bei der Pietà – durch den Zweck des Kultbildes mitbestimmt. Die Gruppe ist, nach Angabe Condivis, durch die flandrische Kaufmannsfamilie der Moscheroni (Mouscron) nach Brügge gekommen. Dürer sah sie dort schon in der Liebfrauenkirche. Das Tagebuch der Niederländischen Reise verzeichnet unter dem 7. April 1521: »Das Marienbild in Marmelstein von Michelangelo.«

Skulpturen für das Grabmal Papst Julius II – Rom, S. Pietro in Vincoli. – Paris, Louvre. – Florenz, Accademia.

Im Frühjahr des Jahres 1505 erreicht MA in Florenz die päpstliche Berufung nach Rom, die ihn aus der Arbeit an der Apostelfolge für den Dom und dem Karton für den Saal des großen Rates herausreißt. Noch im März desselben Jahres erhält er den größten Auftrag seines Lebens: das Grabmal Julius II. Erst im Februar 1545 ist der Aufbau in S. Pietro in Vincoli vollendet: im Verlauf dieser vierzig Jahre vollzieht sich »die Tragödie des Grabmals«, das allmähliche Zusammensinken des ersten großartigen Entwurfes für ein aus mehr«, als vierzig Figuren aufgebautes freistehendes Monument in St. Peter, .zu dem Kompromißwerk des Fassaden-Wandgrabes in S. Pietro in Vincoli, an dem von drei eigenhändigen Figuren von je nur der Moses MAs ganz würdig erschienen ist.

In den Vorbemerkungen ist angedeutet, wie der neue Auftrag der Sixtinadecke im Frühjahr 1508 dem erst geplanten architektonischplastischen Werk das Lebensblut entzogen hat. Schon damals war das Schicksal des Grabmals eigentlich besiegelt: daß MA selbst sich dessen nicht bewußt geworden, daß er an die Möglichkeit des Grabmals noch nach Vollendung der Sixtinadecke geglaubt hat, ist ihm zum Verhängnis geworden. Wie einen Leichnam hat er den entseelten Riesenplan ein Menschenleben lang noch von Kontrakt zu Kontrakt, von Kontraktbruch zu Kontraktbruch geschleppt. Durch Jahrzehnte bietet er das tragische Schauspiel eines Mannes, der sich im Kampf mit einem wesenlosen und doch übermächtigen Gegner aufreibt. »Meine ganze Jugend«, schreibt er selbst im Oktober 1542, »habe ich verloren, an dieses Grabmal gefesselt.« –

Der erste Entwurf, ja wahrscheinlich die Absicht des Grabmals überhaupt, wurde bei Julius durch das umfassendere Unternehmen des Neubaues von St. Peter zurückgedrängt. Erst nach dem Tode des Papstes am 6. Mai 1513 wird die Idee in einem *neuen Kontrakt* zwischen des Papstes Erben und dem Künstler wieder aufgenommen. Nur die beiden Sklavenfiguren des Louvre und das Mosessitzbild sind in .dieser Epoche von 1513-1516 entstanden: es zeigt sich sogleich, das das Werk im Keime erstickt war, daß es unmöglich bleiben mußte, es nach den erst gewollten Maßen durchzuführen.

Im Juli 1516 folgt ein *dritter Kontrakt*, der die Größe des Denkmals auf die Hälfte beschränkt, die Ausführungsfrist trotzdem verlängert. Nun aber treten zu der tiefen inneren Erschöpfung der gestaltenden Phantasie auch noch äußere Hemmungen in Gestalt anderer, von MA selbst begierig aufgegriffener Aufträge. Es ist, als ob er selbst empfunden habe, daß nur neue Aufgaben ihn aus dem unerträglichen Zustand künstlerischer Lähmung zu befreien vermöchten.

Leo X., der erste Mediceerpapst, gibt ihm den Auftrag für den Entwurf zu einer Prachtfassade von S. Lorenzo in Florenz, der dann nach zwei Jahren fruchtlosen Planens und Vorbereitens durch das neue Unternehmen der Herzogsgräber für S. Lorenzo ersetzt wird. Nur als Nebenarbeit werden in diesen Jahren die für das Juliusgrabmal bestimmten Bildwerke gefördert. Um das Jahr 1519 entstehen die vier unvollendeten Sklavenfiguren und die Gruppe des Sieges, deren Zugehörigkeit zu dem Papstgrabmal übrigens nicht außer allem Zweifel steht.

Schon im Jahre 1525 taucht dann auch der Gedanke auf, das Freidenkmal in ein Wandgrab zu reduzieren, und damit beginnt die letzte Phase der Rückbildung des großen Jugendentwurfs aus dem Jahre 1505. Erst im April 1532 freilich – über zehn Jahre scheint die Arbeit so gut wie ganz gestockt zu haben – erfolgt nach unsäglichen Schwierigkeiten, Prozeßdrohungen von selten der Erben des Papstes, Rechtfertigungsversuchen von selten des Künstlers der förmliche *(vierte) Kontrakt*, auf Grund dieser entscheidenden Planveränderung, und zugleich wird jetzt auch die Kirche S. Pietro in Vincoli (östlich des alten römischen Forums) als Aufstellungsort für das Denkmal in Aussicht genommen.

Da tritt noch einmal ein päpstlicher Auftrag verzögernd vor die Ausführung: das Fresko des Jüngsten Gerichtes, das MA bis zum Oktober 1541 fesselt. Jetzt endlich wird im August 1542 der *fünfte* und letzte *Kontrakt* unterzeichnet, nach dem die Arbeit dann bis zum Februar 1545 vollendet wird.

Im letzten Moment noch zieht MA – gegen die Absicht des letzten Kontraktes – die beiden Sklaven des Louvre – sie wurden 1550 nach Frankreich verkauft – zurück und ersetzt sie durch zwei weibliche Gewandfiguren, Lea und Rahel, Allegorien des tätigen und beschaulichen Lebens, die in Seitennischen neben dem Mosessitzbild Platz fanden.

Der *Moses* ist von vier ursprünglich geplanten die allein vollendete Figur. Mit Paulus und den Allegorien des tätigen und beschaulichen Lebens – Vorahnungen der Sibyllen der Sixtinadecke – sollte er auf der oberen Plattform des freistehend gedachten Grabmals stehen. Er ist also auf *Unteransicht* gearbeitet und entspricht in seiner jetzigen Aufstellung auf ebener Erde jedenfalls nicht der ursprünglichen Intention des Künstlers. Es ist dringend zu fordern, daß mit einem Gipsabguß wenigstens der Versuch gemacht wird, die Wirkung der Figur bei einer Aufstellung in der ursprünglich beabsichtigten Höhe zu erproben – was seltsamerweise noch nie geschehen ist.

Über kein Kunstwerk der Welt vielleicht sind so widersprechende Urteile gefällt wie über diesen panköpfigen Moses. Schon die einfache Interpretation der Form bewegt sich in vollkommenen Widersprüchen: wo die einen ein felsenhaftes Dasitzen für die Ewigkeit sehen, glauben die andern den Moment des Aufspringens dargestellt. So schwer ist es, vor einem Kunstwerk von so hinreißender Gewalt die Ruhe objektiver Beobachtung walten zu lassen!

Wir folgen dem letzten Erklärer, der sich, nachdem er alle früheren hat Revue passieren lassen, folgendermaßen äußert: »Hier, wie immer, ist es ihm um die Gestaltung eines Charaktertypus zu tun. Er schafft das Bild eines gewaltsam leidenschaftlichen Führers der Menschheit, der, seiner göttlichen, gesetzgebenden Aufgabe bewußt, dem unverständigen Widerstand der Menschen begegnet. Einen solchen Mann der Tat zu kennzeichnen, gab es kein anderes Mittel, als die Energie des Willens zu verdeutlichen, und dies war möglich nur durch die Veranschaulichung einer die scheinbare Ruhe durchdringenden Bewegung, wie sie in der Wendung des Kopfes, der Anspannung der Muskeln, der Stellung des linken Beines sich äußert...« (Thode.)

Christus. Rom, Sta. Maria sopra Minerva.

Am 14. Juni 1514 nahm MA eine Christusstatue von Bernardo Cencio, Maestro Maria Scapucci und Metello Varchi in Auftrag. Sie wird bald darauf begonnen sein, blieb aber unvollendet, als der Marmor eine schwarze Ader an der Stelle des Gesichtes zeigte. Diese erste Statue ist verschollen. – Erst im Jahre 1517, nachdem MA zur Ausführung der ihm von Papst Leo X. übertragenen Fassade für San Lorenzo von Rom nach Florenz übergesiedelt war, wird der Plan auf Varchis Drängen – doch wohl nach dem ersten Modell von 1514/15 – wieder aufgenommen. Im Jahre 1518 bestellt MA einen neuen Marmorblock, Anfang März 1521 wird die noch nicht ganz vollendete Figur nach Rom abgeschickt und dort von zwei Schülern MAs, Pietro Urbano und Giov. Frizzi fertiggestellt. –

Zu entscheiden, wie weit die Figur den Forderungen des religiösen Gefühls entspricht, bleibt Sache des einzelnen – als künstlerische Darstellung einer nackten männlichen Figur ist sie von ganz bedeutendem Range und für MAs plastischen Stil sehr bezeichnend. Kaum irgendwo sonst hat er mit so leichten und zwanglosen
Drehungen und Wendungen des Körpers einen so großen Reichtum plastischer Form entwickelt. Das Bewegungsmotiv, wie es vor allem in der Rumpf- und Brustdrehung der Figur zur Erscheinung kommt, hat MA augenscheinlich am meisten gereizt. Die Vollendungsarbeiten in Rom haben sich nur auf den rechten Fuß, Hände und Gesicht bezogen, die Extremitäten also, deren Ausführung MA immer am wenigsten beschäftigt hat (vgl. die Vorbemerkungen). Später hinzugefügt: Bronzeschurz, der mit der Verdeckung der Hüften den Angelpunkt der Bewegung verhüllt, und Bronzeschuh, der den rechten Fuß vor Abnutzung durch die Küsse der Gläubigen schützt.

*

Die Mediceergrabmäler. Florenz, Neue Sakristei von San Lorenzo.

Am 10. März 1520 wurde der Kontrakt, der MA zur Ausführung einer Prachtfassade für San Lorenzo in Florenz verpflichtete, nach zweijähriger resultatlos verlaufener Arbeit an dem Projekt gelöst. MA übernimmt den neuen Auftrag des Aufbaues und Skulpturenschmuckes der »Neuen Sakristei« von San Lorenzo als Mediceischer Grabkapelle. Bis zur Höhe des Gesimses war die Kapelle schon aufgemauert, die Grundmaße fand MA also unabänderlich vor, ihnen hatten sich seine Entwürfe anzupassen. Nur die Einwölbung der Kuppel und die architektonische Gestaltung des Innenraumes konnten noch nach seinen Intentionen geschehen.

Wie bei dem Juliusgrabmal war der Skulpturenschmuck auch hier anfangs in einem viel großartigeren Umfange geplant, als er nachher zur Ausführung kam. Wie dort war ursprünglich ein in der Mitte des Kapellenraumes aufgemauertes Freigrabmal beabsichtigt, mit vier Sarkophagen für die *Magnifici* Lorenzo, den Prächtigen, MAs ersten Gönner, und dessen 1478 ermordeten Bruder Giuliano und für die beiden Herzoge Lorenzo von Urbino † 1519, den Enkel, Giuliano von Nemours † 1516, den Sohn Lorenzos Magnifico. Vielleicht schon 1521, spätestens im Herbst 1523 ist der Freibau zugunsten zweier doppelsarkophagiger Wandgräber aufgegeben, dafür aber taucht im Mai 1524 das neue Projekt eines dritten Doppelwandgrabes für die beiden *Mediceerpäpste* auf, Leo X. († 1. 12. 1521) und Clemens VII. (seit Januar 1522). Auch der Altar der Kapelle sollte statuarischen Schmuck erhalten.

In diesem kritischen Stadium der Entwicklung des Werkes erleidet die Arbeit nun aber durch den Gang der politischen Ereignisse eine mehrjährige Unterbrechung, die das Projekt in dem geplanten Umfang zu Fall bringt. Der Einbruch des deutsch-spanischen Heeres in Italien, die Eroberung und Plünderung Roms im Jahre 1527 durch die Truppen Karls V. wirkt auf die inneren Zustände in Florenz entscheidend zurück. Es kommt dort zu einem Aufstande gegen das Mediceische Regime im Jahre 1528 (bei dem MAs David beschädigt wird –) MA selbst beteiligt sich als Leiter der Befestigungsarbeiten aktiv an dieser antimediceischen Bewegung. Da schließen Kaiser und Papst unerwartet Frieden, Florenz wird belagert und muß am 12. August 1530 kapitulieren: am 29. Juli des folgenden Jahres wird Alessandro dei Medici, des Pensieroso Lorenzo natürlicher Sohn, als Herzog von Florenz bestätigt.

Als nach diesen Wirren die Arbeit in der Kapelle wieder aufgenommen wird, ist der Plan des Grabmals der Magnifici und der Päpste aufgegeben. Es handelt sich nur noch darum, das Erreichbare zu sichern: die beiden Grabmale der Herzoge. –

Nachrichten über den Gang der Bildhauerarbeiten sind mehrfach erhalten. 1524 wird die Madonna genannt, ihre Vollendung bis zu dem heutigen Zustand zieht sich aber bis zum Herbst des Jahres 1531 hin. Auch die vier großen Allegorien und die Sitzbilder der Herzoge scheinen damals begonnen zu sein. Am 29. September 1531 sind Nacht und Morgendämmerung vollendet, der Tag fast fertiggestellt, der Abend begonnen. Als MA im Herbst 1534 für den Rest seines Lebens von Florenz nach Rom übersiedelte, waren nur die Fürstenbilder aufgestellt, die allegorischen Figuren sind erst später nach MAs Angaben von Vasari placiert. Die Madonna erhielt zwei von Montorsoli und Raffaello da Montelupo nach MAs Modellen gearbeitete Seitenfiguren in den Familienheiligen der Medici, Cosmas und Damian, den heiligen Ärzten. Die vier für die Nebennischen der Wandaufbauten geplanten Statuen und vier antike Flußgottheiten, die am Boden aufgestellt werden sollten, sind nie ausgeführt, zu den letzteren hatte MA wenigstens die Modelle schon gefertigt.

Wichtig für die Beurteilung des Werkes ist vor allem die urkundliche Feststellung, daß sämtliche Entwürfe vor das Jahr 1526, d. h. vor MAs politische Verstimmung gegen die Municeer, fallen: alle Kombinationen, die man an die Figuren als Äußerungen menschlicher und politischer Verbitterung des Künstlers hat knüpfen wollen, sind damit hinfällig.

Eine Fülle von Scharfsinn, Witz und Kombinationsgabe ist an eine tiefsinnige Ausdeutung des allegorischen Figurenapparates gewandt. Aber ist nicht die einfachste Deutung der Figuren als Tageszeiten – als Personifikation des ewig gleichen, unabänderlichen Weltlaufs – zugleich auch die tiefsinnig-allgemeinste und für dies Fürstengrabmal schicklichste? –

Entscheidend für die großartig feierliche und doch trotz der Kleinheit der Kapelle nicht bedrückende Wirkung der überlebensgroßen Figuren ist die Zierlichkeit der Raumgestaltung mit der Vielteiligkeit der Wandgliederungen, der großen Zahl zart detaillierter Profile und schmaler, scharf geschnittener Schmuckleisten. Alle Zierglieder haben die Strafftheit und Lebendigkeit elastischer Spannungen: die Voluten scheinen wie Stahlbänder zu federn. Zugleich erwecken sie aber den Eindruck sicherer Stabilität dadurch, daß alles so klar gegliedert ist, daß keiner Fläche, keinem Schmuckglied die sichere Korrespondenz in Pendant und Gegenüber fehlt. Die Wiederholung der Dekorationsmotive hat die Wirkung einer beruhigenden Monotonie.

In ganz umfassender Weise hat MA bei der *Belichtung* der Kapelle, die mit der Einwölbung der Kuppel in seine Hand gegeben war, als Architekt sich selbst, dem Bildhauer, in die Hände gearbeitet. Alle Figuren gewinnen ihre zauberhafte Erscheinung vor allem durch die Einheitlichkeit des von der Kuppelhöhe her sie überrieselnden Lichtregens. Die tief geheimnisvolle Verschattung des Gesichtes bei der Allegorie der Nacht und bei dem Sitzbild des Pensieroso kann darum nur in dem Kapellenraume selbst zu voller Wirkung kommen.

Die Herzogsbilder sind keine Porträte (beide Fürsten waren, um nur dies zu erwähnen, vollbärtig), sondern ganz freie Charakterdarstellungen: Kontrastpendants zweier Temperamente. Das energische Temperament ist dem melancholischen gegenübergestellt, beziehungsvoll das psychologische Milieu weiter ausmalend sind jenem die Tageszeiten eines vollendeten Zustandes – Tag und Nacht – diesem die eines unentschlossenen Zwitterzustandes – Morgendämmerung und Abendgrauen – zugesellt.

David-Apollo. Florenz, Bargello. 1530/31.

Eine jugendliche männliche Figur mit hochgestelltem rechten Fuß, am Körper herabhängender rechter, frei hoch über die rechte Schulter greifender linker Hand. Die Figur ist nicht ganz vollendet und daher verschieden gedeutet. Vasari, der das unbearbeitete Marmorstück auf dem Rücken als Köcher nimmt, nennt sie Apollo, in dem Inventar des mediceischen Kunstbesitzes unter Cosimo I. wird sie David genannt, das Marmorstück also als Schleuder gedeutet. Die einfache Aktion des übergreifenden Armes ist so intensiv durchgeführt, daß der ganze Körper dadurch in Spiel und Bewegung gesetzt ist. Ein Vergleich mit dem David-Giganten der frühen Epoche zeigt, wie viel mehr jetzt die Bewegung innerlich und als ein Mittel reicher Körperdarstellung erfaßt wird. Die Figur ist wohl sicher identisch mit der im Herbst des Jahres 1530 für Baccio Valori in Angriff genommenen.

Brutus. Florenz, Bargello. Unvollendet, 1539 oder 1540.

Im Jahre 1537 ermordete Lorenzino dei Medici seinen Vetter, den ersten Herzog von Florenz, Alessandro, mit dessen Thronbesteigung die Bürgerfreiheit von Florenz ihr Ende gefunden hatte. Lorenzino selbst starb schon 1539. Im Kreise der florentiner Verbannten in Rom, mit dem

MA Fühlung hatte, wurde er als ein neuer Brutus gefeiert; seinem Andenken ist die Büste gewidmet, die MA nach Lorenzinos Tode für den Kardinal Ridolfi gearbeitet hat, nach Vasaris Bericht mit Benutzung eines geschnittenen antiken Kornalins. Seit dem 17. Jahrhundert ist die Büste in Mediceischem Besitz. – Die locker schematische Drapperie, deren Eigenhändigkeit mehrfach bezweifelt ist, sticht seltsam ab gegen die plastische Geschlossenheit – die psychologische Verschlossenheit der Römermaske.

Grablegung Christi. Florenz, Sta. Maria del Flore. 1550 ff.

Zweimal hat MA in hohem Alter Christus im Tode dargestellt: in einer vollständig verhauenen Pietà (Rom, Palazzo Rondanini) und in der 1722 unter der Vierungskuppel des Florentiner Domes aufgestellten Grablegungsgruppe, die er selbst für sein Grabmal bestimmt hatte. Auch sie ist unvollendet, weil in der beabsichtigten Form in dem vorhandenen Block nicht durchzuführen: vor allem fehlt der Raum für das linke Bein Christi. Der zusammenbrechende Körper Christi, besonders der schlaff herabhängende linke Arm noch voll Großartigkeit der plastischen Bildung. Die Gruppe ist in der Art wie der Leichnam Christi liebevoll umhegt wird, ein Dokument für MAs religiöse Altersstimmung.

Hockender Knabe. Sta. Petersburg, Eremitage.

Ein Versuch vollkommenster Organisierung eines würfelförmigen Marmorblockes, vollendet bis auf die letzte Bearbeitung und Glättung der Oberfläche. Wahrscheinlich stammt die Figur aus der Zeit des David-Apollo für Baccio Valori, d. h. aus dem Beginn der dreißiger Jahre des 16. Jahrhunderts. Über ihre Bestimmung und Herkunft ist nichts bekannt.

Malereien

Die h. Familie. Florenz, Uffizien.

Angelo Doni bestellte das Gemälde bei MA während dessen Aufenthaltes in Florenz in den Jahren 1501-1505, nach dem ersten römischen Aufenthalt. Wir besitzen Bildnisse Angelos und seiner Frau von Raffael (Florenz, Pitti). Die Erklärer schwanken, ob Maria das Kind Joseph zureicht oder es von ihm in Empfang nimmt. Offenbar ist das Inempfangnehmen dargestellt: das Hinüberheben würde eine ganz andere Anspannung der Armmuskulatur bedingen und in natürlicher Erwartung sieht das Kind in der Richtung der Bewegung. Die nackten Figuren des Hintergrundes haben hier die gleiche künstlerische Daseinsberechtigung, den gleichen Daseinsgrund wie bei dem frühen Relief der Madonna an der Treppe und wie in ähnlichen Fällen auf Gemälden Luca Signorellis.

Die kunstvolle Komposition der Figuren ist durchaus nicht artistischer Selbstzweck, sondern seelisch vollkommen motiviert, die Madonna ist eine der zierlichsten Erfindungen MAs.

Die Farbenskala ist beinahe die gleiche, wie die der Sixtinadecke, nur daß dort noch zur Erhöhung der Prachtwirkung Gold hinzutritt. Joseph in Grau und zu Goldgelb gebrochenem Goldorange, die Madonna in Kirschrot, das in den Lichtern fast zu Weiß aufgehellt ist. Hellblau, Goldgrün. Die Kritiker, die bei der Art des Farbenauftrags, der Farbenbehandlung und Farbenwahl das Sfumato Lionardos vermissen, haben nicht bedacht, daß jeder Art der Zeichnung nur eine ganz bestimmte Art der Farbe und Malweise genau entspricht.

Die Deckenmalereien der Sixtinischen Kapelle in Rom.

Im März 1505 übernahm MA die Ausführung des Juliusgrabmals, drei Vierteljahre weilte er damals in Carrara, um die Blöcke zu wählen, im Frühjahr 1506 begann die Arbeit. Da trifft ihn die plötzliche, wohl durch den umfassenderen Plan des Neubaus von St. Peter veranlaßte Willensänderung des Papstes: die Zahlungen für das Grabmal werden gesperrt, MA selbst die nachgesuchte Audienz beim Papste verweigert.

In der Enttäuschung, die ihn wie ein Schlag getroffen haben muß, flieht MA aus Rom nach Florenz und setzt den Bemühungen des Papstes, ihn zurückzugewinnen, beharrliche Weigerung entgegen. Erst nach der dramatischen Aussöhnung mit Julius II. in Bologna und nach fünfvierteljährigem Aufenthalt dort – in dieser Zeit, zwischen dem 28./30. Nov. 1506 und Ende Februar 1508 entsteht das verlorene Bronzesitzbild des Papstes, von dem in den Vorbemerkungen die Rede war – beginnt im Frühjahr 1508 die Ausmalung der Decke.

In den Vorbemerkungen ist erörtert, wie MA sich im Anfang sträubt, die Malarbeit zu übernehmen, wie er dann die Entwürfe für das ihm so plötzlich entzogene architektonisch-plastische Werk des Papstgrabmals in die neue Aufgabe verarbeitet, wie diese dadurch für ihn erst Lebensmöglichkeit, Reiz, zugleich aber auch die Richtlinien ihrer künstlerischen Form erhält.

Anders als bei den beiden großen plastischen Unternehmungen MAs, den Grabmälern Julius II. und der Medici, bei denen der erste umfassendere Plan im Verlauf der Ausführung Einschränkung über Einschränkung erfährt, erleben wir hier das Schauspiel, daß ein ursprünglich einfacher Plan eine völlig unerwartete Erweiterung erfährt. Es gibt (in London) eine flüchtige Federzeichnung, die die *erste Absicht* des Papstes erkennen läßt: in den Zwickeln zwischen den Fenstern, an der Stelle also, die jetzt Propheten und Sibyllen einnehmen, sollten die zwölf Apostel thronen, die ganze Tonnenwölbung der Decke aber ist rein ornamental in Rechteckfelder, liegende und über Eck gestellte Quadrate, aufgeteilt.

Schon in den ersten Stadien des Entwerfens muß MA der große Gedanke der Komposition gekommen sein, der dann wirklich ausgeführt wurde: noch im Juli 1509 hat der Papst den *neuen Plan* genehmigt, der die Apostel durch Propheten und Sibyllen ersetzt, für die Gewölbefelder die Szenen der Weltschöpfung vorsieht und die Lunetten und Stichkappen der Hochwände mit einbegreift.

Die Arbeit der Ausmalung hat sich dann – von West nach Ost, von der Trunkenheit Noahs und Zacharias zu den Schöpfungsszenen und Jonas fortschreitend – abschnittsweise vollzogen. Vom Herbst 1508 bis Ende 1509 entstehen die Deckenbilder bis zur Erschaffung Evas, bis zum August die zweite Hälfte von der Erschaffung Adams bis zur Altarwand, die Historienbilder immer zusammen mit den zugehörigen Propheten und Sibyllen. Es folgt eine durch Stocken der Zahlungen veranlaßte Pause vom September 1510 bis zum August 1511. Bis zum Oktober 1512 entstehen dann die Malereien in den Lunetten und Stichkappen.

Auffällig ist besonders die Steigerung der Größenmaße bei Propheten und Sibyllen, die je näher der Altarwand um so tiefer mit ihren Fußbrettern herunterrücken. Weiter ist im Fortschreiten von Westen nach Osten eine immer größere Kühnheit in der Erfindung der formalen Motive, eine immer größere Bereicherung und Komplizierung der figuralen Komposition bei den Deckenbildern und Thronfiguren wie bei den dekorativen Gestalten der Puttenpaare an den Thronwangen, den nackten Jünglingsgestalten auf den höchsten Simsvorsprüngen zu beobachten. Der letzte Abschnitt der Arbeit in den Lunetten und Stichkappen hat wieder einen ruhigeren und gleichmäßigeren Charakter.

Mit der gemalten *Scheinarchitektur* der Decke ist keineswegs eine Sinnentäuschung des Betrachters durch perspektivische Kunstgriffe beabsichtigt, sie ist ein rein formales Hilfsmittel zu regelrechter Aufteilung und Organisierung des großen in sich ganz ungegliederten Tonnengewölbes der Decke, ein Hilfsmittel zur statuarischen Isolierung der Thronenden. Die Erklärung, daß die Historien des Deckenspiegels die Wirkung von in ein luftiges architektonisches Gerüst eingespannten Bilderteppichen hätten, beruht absolut auf einer Selbsttäuschung. Nirgends verläßt den Betrachter im Gegenteil das sichere und beruhigende Gefühl, daß die Malereien eben nur Malereien sind, dem festen Gewölbe der Decke aufgemalt, daß es sich um ein freies Spiel der Phantasie handelt, daß dem ganzen architektonischen Apparat mit Deckenbildern, thronenden Propheten und Sibyllen, simstragenden Kinderpaaren, hoch sitzenden nackten Jünglingen nur der ästhetische Schein wirklicher Existenz zukommt.

Dargestellt sind in den abwechselnd großen und kleinen Feldern des Deckenspiegels die ersten Ereignisse der Weltgeschichte, in drei Akten von je drei Szenen: die *Erschaffung der Welt* (ein großes Feld flankiert von zwei kleinen) – die *Erschaffung des ersten Menschenpaares und der Sündenfall* (ein kleines Mittelfeld flankiert von zwei großen) – die *Sintflut und die Geschichte Noahs* (ein großes Mittelfeld flankiert von zwei kleinen). Im Mittelpunkt der ganzen Komposition steht bedeutungsvoll als das größte Ereignis das Mysterium von der Erschaffung Evas. Was vorhergeht hat den Charakter der Vorbereitung auf dieses Geschehen, was folgt ist seine unmittelbare und mittelbare Folge.

Die vier großen *Eckzwickel* führen sprungweise von einer »Rettung« des auserwählten Volkes zur andern: David – Judith – Esther – die eherne Schlange: viermal fällt das Blitzlicht auf eine Szene von dramatischer Spannung.

Propheten und Sibyllen thronen ohne aktive Beziehung zu diesen Ereignissen des Weltgeschehens und der Geschichte Israels in einer tieferen Zone, wie herausgelöst aus der Zeitlichkeit: monumentale Personifikationen beruhigten oder leidenschaftlich ergriffenen Forschens oder seherischer Begeisterung, zusammengefaßt in immer neue Momente physischer und seelischer Aktion von unerhörter Prägnanz der Erscheinung. (Es wechseln, doch wohl in bewußter Berechnung der Kontrast- und Reichtumswirkung, Figuren in geschlossener Vorderansicht und in freier entwickelter Seitenstellung so, daß stets eine Profilfigur eine Facefigur zum Gegenüber und Nachbarn hat.)

In den sechzehn kleinen zeltförmigen Zwickeln und den sechzehn Lunetten über den sechzehn Fenstern der Kapellenlangwände endlich: die *Vorfahren Christi*. Familienszenen: eng gelagerte Gruppen und Einzelfiguren mit Kindern: epigrammatische Menschheitsschilderungen in Terzinen und Distichen.

Und zwischen diese Hauptfiguren drängt sich überall, sie überwachsend das Heer der namenlosen Gestalten. Von unten her aus ornamentaler Verzerrung, Vergewaltigung zu immer freierem, leichter und selbstbewußter sich regendem Leben aufsteigend.

Das Jüngste Gericht. Rom, Sixtinische Kapelle. 1534-1541.

Kurz vor seinem am 26. September 1534 erfolgten Tode hatte Papst Clemens VII. dei Medici MA den Auftrag für das Jüngste Gericht gegeben. Sein Nachfolger Papst Paul III. Farnese erneuerte den Auftrag. Die Fenster der Altarwand der Sixtinischen Kapelle werden zugemauert, die Gesimse, das ältere Altarfresko von Pietro Perugino und die beiden zu den Deckenmalereien MAs gehörigen Lunetten unterhalb Jonas werden heruntergeschlagen und so eine ungeteilte Malfläche gewonnen. Papst Paul IV. Caraffa ließ durch Danile da Volterra noch zu Lebzeiten MAs die Nacktheit der Gestalten mit Gewändern verkleiden und einige Figuren in der Haltung verändern. Weitere Übermalungen wurden noch im 18. Jahrhundert hinzugefügt. Durch alle diese Veränderungen und durch den Kerzen- u. Weihrauchqualm hat die Erscheinung des Werkes sehr gelitten – der blaue Himmel vor Allem ist zum großen Teile verdorben.

Die Wirkung der Komposition wird durch ihre Rahmenlosigkeit empfindlich gestört: sie läuft sich an den rechtwinklig anstoßenden Kapellenlangwänden tot.

Bei aller Handgreiflichkeit der Einzelgestaltung hat das Riesenfresko etwas grandios Phantastisches in dem seltsam willkürlichen Wechsel der Größenmaße, in der Art, wie durch die eine intensiv aus einer plötzlichen Zornaufwallung motivierte Gebärde Christi das zentripetale Zusammenströmen der himmlischen Chöre mit einem Schlage gestaut wird – in dem geisterhaften Schwebetanz der auffahrenden Seligen, der abfahrenden Verdammten, die in ewig sich erneuernder Bewegung scheinen, wie die Eimerreihe eines endlosen Hebewerks links sich hebt, rechts sich senkt.

Die Figur Christi ist MAs letzte große Figurenerfindung von geschlossener Plastizität des Bewegungsausdrucks: ein zürnend aufspringender Apoll, mit dem Schimmer apollinischer Göttlichkeit in den offenen Zügen. An der großen Gebärde der ausholenden rechten Hand Christi – »die Geste seines Fluches«, sagt Stendhal, »ist so gewaltig, daß es aussieht, als wolle er eine Lanze schleudern« – hängt der Form und dem inneren Sinne nach die ganze Komposition: wie ein Orchester an dem Taktstock des Dirigenten.

www.ingramcontent.com/pod-product-compliance
Lightning Source LLC
Chambersburg PA
CBHW050030230526
45470CB00003B/1214